FRENTE A FRENTE COM DEUS

Sorge, Bob
   Frente a frente com Deus / Bob Sorge; [tradução de Simone Lacerda de Almeida e Viviane Andrade]. Curitiba, PR : Editora Atos, 2019.
   14 cm x 21 cm – 192 p.
   Título original: *In his face*
   ISBN: 978-85-7607-173-0
   1. Deus.   2. Cristianismo.   3. Oração.   I. Título.
                                                 CDD: 234.2

Copyright© by Bob Sorge
Copyright©2019 por Editora Atos
Todos os direitos reservados

Coordenação editorial
Manoel Menezes

Capa
Leandro Schuques

Primeira edição em português
2019

Nenhuma parte deste livro pode ser reproduzida, arquivada ou transmitida por qualquer meio – eletrônico, mecânico, fotocópias, etc. – sem a devida permissão dos editores, podendo ser usada apenas para citações breves.

Publicado com a devida autorização e com todos os direitos reservados pela EDITORA ATOS LTDA.

www.editoraatos.com.br

Encontre Bob em:
oasishouse.com
twitter.com/BOBSORGE
Facebook.com/BobSorgeMinistry
Blog: bobsorge.com
No Youtube.com, "Bob Sorge Channel"
Instagram: bob.sorge

Prefácio

Não é sempre que se pode ler um livro contemporâneo a respeito de Jó e alegrar-se com o sofredor. Isso é o que ocorre com a revelação honesta de Bob Sorge sobre sua caminhada pessoal através das provações em sua vida e suas responsabilidades extraordinárias. Eis o que você pode esperar deste livro:

1. *Franca Honestidade.* Todos nós passamos por provações, sofrimentos e contradições que nos levam a questionamentos, dúvidas, desânimo e até mesmo a raiva.

2. *Realidade Dolorosa.* Nós todos temos amigos ou conhecemos pessoas que têm uma determinada enfermidade ou uma doença terminal. Daríamos qualquer coisa para ver a situação deles mudada. Um milagre. Uma cura. Qualquer coisa. Mas para alguns, nada muda. Eles aprendem a se adaptar, a lutar, a superar. Uma realidade sem mudanças é uma realidade com a qual é difícil se alegrar. Bob nos traz essa esperança.

3. *Perspectiva Divina.* Não existe nada mais transformador do que a mudança de perspectiva sobre alguém, alguma coisa ou sobre nós mesmos. A maior de todas as mudanças de perspectiva é como vemos a Deus, entendemos a Jesus e Seus caminhos.

4. *Soluções Bíblicas.* Bob não trata com as típicas soluções de fé das quais frequentemente ouvimos falar, tais como: apenas creia. Deus irá fazer algo sobrenatural se você simplesmente continuar orando. Afé sempre traz a cura. Mas, não. Bob trata a realidade dolorosa com

a simples e imutável Escritura Sagrada. Nós suportamos, mudamos, e nos encontramos "frente a frente" com Ele recebendo o que precisamos, não o que queremos.

Leia. Alegre-se. Sinta as emoções. Faça as suas próprias perguntas. Recorra a uma solução simples e direta. O que quer que você faça depois de ler este livro, esteja certo de permanecer "frente a frente com Deus".

Frank Damazio
Pastor Sênior
City Church
Portland, Oregon

Prólogo

Tudo começou em uma sexta-feira de maio de 1992. Eu estava falando em uma conferência sobre louvor em Michigan, ensinando a classe sobre a dinâmica do uso do louvor como arma na guerra espiritual. No final do workshop saímos da teoria para a aplicação prática, gastando alguns minutos louvando ao Senhor por Seu poder e autoridade sobre todas as áreas onde desejávamos a quebra das barreiras espirituais. Então, baseado em Salmo 47.1, encerramos com um período de bradar a Deus "com voz de triunfo". Erguemos um brado glorioso ao soberano Senhor do universo, exultantes em Seu triunfo sobre as áreas de desafios específicos que enfrentávamos.

Eu gritei com a mesma intensidade deles. Sustentamos nosso brado de louvor até que uma percepção de término foi compartilhada pelo grupo. Dirigindo-me para outro workshop, continuei a falar muitas vezes mais durante o decorrer da conferência. Quando retornei à igreja que eu pastoreava, senti uma dor em minha garganta pior do que qualquer outra que já havia tido.

Na semana seguinte a dor foi embora. Mas depois de pregar em diversos cultos na outra semana, a dor veio à tona de novo. Uma vez mais se foi durante uma semana, apenas para reaparecer após um final de semana de ministério. A essa altura eu sabia que havia alguma coisa errada com a minha voz, e que eu teria que procurar um médico imediatamente; a não ser pelo fato de que eu tinha uma passagem de avião para Singapura marcada para o dia seguinte para uma viagem ministerial de dez dias. Quando voltei de Singapura eu senti como se uma bola de gude estivesse alojada em minha garganta.

O médico diagnosticou como sendo um "granuloma aritenoide"- uma "úlcera de contato" que havia se formado na cartilagem aritenoide próxima das minhas cordas vocais. Eles fizeram uma bateria de exames para tentar descobrir o que causara o granuloma, mas não encontraram nada conclusivo. Tentamos alguns remédios e esteroides, esperando que eles pudessem reduzir o inchaço. Depois, eu tive um período de total repouso vocal, mas ainda assim nada mudou. Finalmente, no final de agosto de 1992, fiz uma cirurgia para remover o granuloma.

O médico me assegurou que eu estaria "de volta aos púlpitos" em três semanas, mas na data deste manuscrito eu ainda não estava recuperado da cirurgia. Embora o granuloma em si tenha sido removido, o dano sofrido na cartilagem aritenoide em função da cirurgia continuava a enfraquecer minha habilidade de falar. Apesar de estar relativamente sem dor quando ficava em silêncio, doía ao falar. E quanto mais eu falava mais dor sentia, a ponto da dor irradiar para lado esquerdo do meu pescoço. Quando fazia tentativas para falar, eu tinha apenas dez por cento de força na minha voz. Eu seria ouvido do púlpito apenas se usasse um microfone diretamente sobre os lábios. Não ser capaz de falar é ruim o suficiente; mas quando falar é o meio de sustento de alguém, o seu ministério e a sua vida – isso é devastador. Como pastor, líder de adoração, palestrante, esposo e pai, eu estava ficando traumatizado e minha vida estava completamente de cabeça para baixo por causa deste problema na voz. Eu não sei como expressar em palavras o tipo de drásticas mudanças emocionais que vivi nos dois últimos anos – perda do controle, humor instável, pensamentos angustiantes, perguntas intermináveis, mudanças de personalidade, embates teológicos, a procura por Deus.

De certo modo, este livro é um produto de tudo isso. Estou escrevendo este livro da minha "caverna de Adulão", enquanto estou no vale da sombra da morte. Existem coisas importantes a serem aprendidas no deserto. Deus tem me ensinado algumas coisas que eu quero compartilhar com você.

Por favor, não entenda o título deste livro de forma alguma como desrespeitoso a Deus. Embora a expressão "frente a frente" seja, eventualmente usada de forma rude, esta não é de maneira nenhuma o espírito deste livro. É com o coração mais puro e mais honesto que nós vamos diante de Sua face. O título deste livro pretende transmitir paixão, intimidade e destemor.

Deus tem feito coisas em sua vida que você não compreende? Você tem clamado a Deus que o leve para um lugar mais alto n'Ele? Neste caso, não é acidente que Deus tenha feito este livro parar em suas mãos hoje. Que Ele sopre vida em seu espírito no momento em que você se colocar "frente a frente" com Ele.

Bob Sorge

Sumário

Prefácio _____ 3
Prólogo _____ 5

Parte 1
Gerenciamento da dor _____ 11

  Capítulo 1
  Andando pelo vale _____ 13

  Capítulo 2
  Paixão, Pureza e Perseverança _____ 27

  Capítulo 3
  O Processo de Poda _____ 39

Parte 2
Ver Jesus _____ 53

  Capítulo 4
  Ouça _____ 55

  Capítulo 5
  Um coração quebrantado _____ 69

  Capítulo 6
  Frente a Frente com a TV _____ 83

  Capítulo 7
  Olhe Outra Vez para Jesus _____ 91

Parte 3
Expressões de Intimidade _____ 105

  Capítulo 8
  Emoções Santas _____ 107

  Capítulo 9
  Contemplando Sua Beleza _____ 117

Capítulo 10
  O Projeto do Inimigo _____ 127
Capítulo 11
  Orações de Louvor _____ 135
Capítulo 12
  Os Sabores da Adoração _____ 151

Parte 4
À Sua Imagem e Semelhança _____ 159
  Capítulo 13
  Adote uma Autoimagem Divina _____ 161
  Capítulo 14
  Paternidade Espiritual _____ 179

Parte I
Gerenciamento da dor

Capítulo 1

Andando pelo Vale

Ainda que eu andasse pelo vale da sombra da morte, não temeria mal algum, porque tu estás comigo; (Salmos 23.4)

Imagine que você é Jó. Em um único dia você perde todo o seu gado, ovelhas, camelos, servos e filhos. A causa? Inimigos invasores, fogo vindo do céu e um repentino vento forte que faz com que a casa desabe sobre os seus filhos. Assim como Jó, você também pensaria: "Este tipo de coisa não acontece por acaso. Tem mais coisa acontecendo do que mero acaso. Algo espiritual está por trás de tudo isso".

Eu também me senti assim a respeito das circunstâncias que cercaram meu problema vocal. Minha voz ficou comprometida numa época em que eu estava cumprindo o chamado de Deus na minha vida para pregar. Eu estava declarando com a minha voz a vitória, a soberania e o poder de Deus na terra. Teologicamente, eu não conhecia nenhum lugar mais seguro para estar neste planeta do que quando eu me alegrava no poder soberano de Deus. A igreja que eu pastoreava tinha acabado de comprar um imóvel com o propósito de construir um espaço maior para adoração. A igreja estava crescendo, a esfera do nosso ministério estava se alargando, quando BUM! Tudo pareceu explodir.

Eu não entendo completamente o que aconteceu comigo, mas eu posso me identificar bastante com a experiência e as respostas de Jó.

O que está acontecendo?

Quando você passa por uma época difícil, muitas pessoas bem-intencionadas tentam te encorajar trazendo uma "palavra" de Deus. Eu recebi muitas "palavras" e elas eram de todo os tipos. O que parecia confuso era receber o que pareciam ser visões conflitantes de pessoas cujo ministério eu respeitava e que tinham conquistado o direito de opinar sobre a minha vida. Um ministro me disse "Eu não acho que a mão do demônio está envolvida aqui mas, sim, a mão de Deus". Outro disse, "Este é o projeto do inimigo para calar a sua boca."

Então eu fui lembrado de que a calamidade de Jó teve sua origem com Deus e com o diabo. Deus na verdade chamou pra briga quando apontou para Jó, dizendo "Observaste meu servo Jó? Porque ninguém há na terra semelhante a ele, homem sincero e reto, temente a Deus e que se desvia do mal." (Jó 1.8). Satanás rapidamente voltou com esta: "Não me admira que Jó sirva você! Você o abençoou com tanto que ele seria estúpido se não servisse você. Mas se tirar as bênçãos da sua vida, eu aposto qualquer coisa que ele amaldiçoaria você cara a cara!" Satanás armou um ataque contra Jó e Deus o permitiu.

"É Satanás ou é Deus?" A resposta pode ser apenas, "Sim".

E embora Jó estivesse sob ataque espiritual, deixe-me apontar que ele nunca, nem uma vez, entrou num tipo de guerra militante contra o inimigo. O único com quem Jó sempre falou, o único com quem ele sempre lidou foi Deus.

Há aspectos da minha enfermidade que certamente parecem ter incitamento demoníaco e ainda assim durante este tempo eu não tive nenhuma militância no meu espírito. Eu só tinha uma sensação contínua de que os meus sentidos tinham que lidar apenas com Deus.

Muitas opiniões

Quando a calamidade atingiu Jó, seus três amigos se tornaram conselheiros. (Quando os problemas atingirem a sua vida, nunca faltarão pessoas que estejam dispostas a compartilhar sua sabedoria e percepção com você). "Deus não faz este tipo de coisa com os que são fiéis a Ele", eles disseram a Jó. "Não é assim que Deus trata os Seus santos". Só poderia haver uma explicação plausível para a dor de Jó, eles imaginavam. Todos os seus argumentos poderiam acabar em uma só acusação: "Jó, deve haver algum tipo de pecado em sua vida." O conselho foi simplesmente, "Arrependa-se e Deus vai restaurar você".

A minha Bíblia de estudo tem uma coluna central com "referências cruzadas" – outras referências bíblicas que sustentam o texto que estamos lendo. Eu percebi algo notável acerca do conselho dos três amigos de Jó: tem referências cruzadas por todo o texto. O conselho deles é embasado por muitos outros textos bíblicos. Em outras palavras, o conselho que deram a Jó era bíblico, bom e correto. Foi o conselho correto – para a situação errada. Foi um bom conselho, mas não se aplicava à situação em questão.

Com bastante frequência, somos culpados da ação de aconselhar da mesma maneira. Olhamos para a situação, avaliamos de acordo com nossas experiências passadas e então damos o que achamos que é um bom conselho baseado no que vemos. Mas Jesus, ao contrário, disse, "como ouço, assim julgo" (João 5.30). Jesus estava dizendo, "Eu olho para uma situação, mas então eu paro para ouvir o pai. O que Ele tem a dizer sobre isso? Quando ele me dá Sua perspectiva sobre a situação, então eu posso dialogar com ela e julgá-la corretamente". Os amigos de Jó erraram porque eles julgaram pelo que viram ao invés de pelo que ouviram.

Que Deus nos livre do senso comum! Muitos conselheiros cristãos se apoiam em seu bom treinamento, sua educação e experiência quando avaliam as circunstâncias de alguém. Estamos fadados à perspectiva míope dos três amigos de Jó a menos que primeiro paremos, inclinemos nossos ouvidos para ouvir o que o Pai está dizendo e então falemos segundo a direção Dele.

Um Espírito que Julga

Deus me livrou de um espírito que julga. Ah, eu não achava que eu julgava. Mas percebo agora que costumava abordar os problemas de algumas pessoas com uma pergunta que tinha quase se tornado reflexiva – "Eu gostaria de saber, o que eles estão fazendo de errado?" Uma esposa crente cujo marido não crente não se entregou aos pés do Senhor... Um casal consagrado que estava de coração partido por causa do seu adolescente rebelde... Um pai sincero que constantemente luta para manter a cabeça fora da água nas suas finanças... Em tantas circunstâncias, quando pediam meu conselho pastoral, eu tentava descobrir o que havia de errado na vida deles, que princípios eles estavam quebrando, o que eles não estavam fazendo. A ideia era, "Esta dor veio por causa de algo errado que foi feito ou algo certo que não está sendo feito".

Deus removeu esta ideia do meu coração e me trouxe a uma nova percepção de que a calamidade e a tragédia caem sobre santos e pecadores. Só porque você está tendo problemas não quer dizer, necessariamente, que você está fazendo algo errado. José tomou todas as decisões certas e ainda terminou na escuridão da prisão.

1. Andando pelo Vale

Ao rever as calamidades de Jó, eu li muitos comentários e ouvi muitas mensagens que traziam este tipo de perspectiva: "o problema de Jó era este e este", ou "quando Jó finalmente parou com isto e aquilo, ele foi curado", ou "tudo isso aconteceu com Jó porque ele temia que acontecesse", ou "Deus tinha que esvaziar Jó de seu orgulho espiritual antes que pudesse curá-lo". Há muitas opiniões sobre o que Jó fez de errado, ou estava fazendo de errado, ou tinha que ser feito nele antes que fosse curado. Mas todas estas opiniões estão vindo de pessoas que não entendem mesmo o livro de Jó, simplesmente porque nunca estiveram numa situação semelhante. Uma vez que você passa por um problema tipo-Jó, você percebe que gigante da fé ele foi. Ele foi demais! Suas respostas diante do luto esmagador foram as de um santo. Ainda assim, o fato de que ele lidou com suas lutas de uma maneira cristã não foi o que lhe trouxe libertação; ao contrário, foi a visitação manifesta de glória de Deus a ele.

Deus não veio a Jó porque as respostas de Jó eram corretas; Deus veio a Jó porque Jó clamou por Ele. Não há uma maneira certa de clamar a Deus. Apenas clame! Você não precisa de dicas ou diretrizes, apenas clame das profundezas do seu coração. Ele ouve os Seus filhos (Salmos 34.15).

A Disciplina do Senhor

Nem toda a disciplina é porque você fez algo de errado. Hebreus 12.11 diz "Na verdade, toda correção, no momento, não parece ser a causa de alegria, senão de tristeza, mas depois produz fruto pacífico de justiça aos exercitados por ela." Existem dois tipos de disciplina. Uma é de *punição*; outra é de *treinamento*. Hebreus 12.11 refere-se à disciplina de Deus, que tem o objetivo de nos treinar no caminho da justiça.

Vamos usar o exemplo de um corredor olímpico. Ele não vive debaixo de uma disciplina severa porque está sendo punido por fazer algo errado. Ele é disciplinado porque está se esforçando por um objetivo maior. Ele não fica satisfeito em ser o mais rápido do estado, ou da nação – ele quer ser o mais rápido do mundo. Para alcançar isso, é necessário grande disciplina. A disciplina de Deus vem simplesmente porque Ele quer trazer você para um lugar mais alto Nele.

Senhor, ergue-me e deixe-me ficar
Pela fé, no planalto do Céu
Um plano mais alto que eu achei
Senhor, plante meus pés num lugar mais alto.
Johnson Oatman Jr., "Higher Ground" – tradução livre

Sim, Jó estava sendo disciplinado. Mas não porque tivesse feito algo de errado. Na verdade, ele tinha feito tudo certo. (Veja como Deus pessoalmente atesta a justiça de Jó). Mas Deus estava trazendo Jó para uma dimensão ainda maior de ministério. Uma vez ampliada, sua influência não ficou confinada simplesmente à sua geração. Considere quantas gerações multiplicadas de santos foram confortadas e encorajadas pelo diário dos sofrimentos de Jó. Jó nunca teria tido tamanho impacto sobre milhões de santos se não tivesse passado por tais calamidades.

Altos e Baixos

Da próxima vez que você ler o livro de Jó, observe estas variações de humor. Em um momento ele está nas profundezas do vale, lutando com a extrema depressão, desabafando reclamações ácidas; no momento seguinte, ele está na montanha da revelação espiritual, declarando profeticamente "Porque eu sei que o meu Redentor vive e que, por fim, se levantará sobre a terra" (Jó 19.25). A maioria dos estudiosos concorda que a visão profética de Jó é apreciada com mais clareza quando percebemos que Jó não tinha outra Bíblia sobre a qual se apoiar. Ele estava lançando o início da fundação da nossa compreensão da Palavra revelada de Deus.

Eu não estava preparado para a gangorra emocional que tomaria conta da minha alma nos meses de sofrimento. Deus tirou de mim tanto de quem eu achava que eu era. "Se tem uma coisa que eu sou, é estável". "Isto eu não sou – não sou rabugento." Estas ideias orgulhosas foram destruídas. Agora, quando estou num lugar de estabilidade emocional eu sei que é só por causa da graça sustentadora de Deus.

Eu percebi que muito da estabilidade que pensamos que temos em nossas vidas nada mais é do que a maneira graciosa que Deus tem de nos isolar do sofrimento. Deus só tem que descascar uma areazinha de Sua proteção em nossas vidas e aprenderemos bem rápido o quanto somos vazios. Nem mesmo um de nós tem em si qualquer coisa mais inerentemente maravilhosa do que um órfão deficiente que viva nas ruas de uma cidade como o Rio de Janeiro. A única diferença entre aquele órfão e eu são as misericórdias multiplicadas de Deus que me cercaram com tanto favor e benção. É pela falta deste entendimento que tão poucos de nós atendem a um chamado missionário.

Bendito Seja o Nome

Sylvia Evans é minha amiga pessoal. Ela fez uma observação muito interessante a respeito do livro de Jó. Ela disse que o problema para Jó não era a depressão, auto piedade, ira contra Deus, ou a reclamação. A questão na vida dele era bendizer ou amaldiçoar. Será que ele iria bendizer ou amaldiçoar a Deus? Odiabo apostou que Jó amaldiçoaria a Deus e a própria esposa de Jó o instigou a fazer exatamente isso. Mas, ao contrário, Jó disse "O Senhor deu e o Senhor o tomou; bendito seja o nome do Senhor" (Jó 1.21). Quando Sylvia recentemente me perguntou se eu já havia amaldiçoado o Senhor, eu fiquei grato em poder dizer "Não".

"Bendito seja o nome do Senhor". O nome Dele representa o Seu caráter – quem Ele é. Quando eu estava em um dos meus vales emocionais, esta frase significou muito pra mim. Eu queria bendizer o Senhor, mas não consegui encontrar em mim o necessário para bendizê-lo naquelas circunstâncias. Lutando para resolver isso, eu fui lembrado que Jó não exaltou os caminhos de Deus. Ele não bendisse as *obras* de Deus, porque naquele ponto de sua vida, ele não conseguia. Mas ele podia exaltar o *nome* do Senhor. Então eu percebi que eu também podia. Eu sei que os desafios da vida podem tornar-se tão difíceis as vezes que não temos vontade de bendizer as obras de Deus. Mas eu descobri que não importa o quanto as coisas estejam difíceis, eu sempre posso bendizer o nome do Senhor. "Torre forte é o nome do Senhor; para ela correrá o justo, e estará em alto retiro" (Pv 18.10). Refugiem-se, crentes cansados da guerra, no nome do Senhor.

Frente a Frente

O Senhor me mostrou a chave da salvação de Jó, o que o permitiu chegar ao outro lado. Apesar de todas as suas lutas, suas perguntas, sua ira, sua auto piedade, sua depressão e sua indignação, *ele manteve sua face voltada para Deus*. Você pode se livrar de quase tudo se o fizer frente a frente com Deus (por favor, não me interprete mal, eu não estou dizendo que você pode se livrar de uma falha moral ou pecado absoluto). Você pode reclamar, delirar, chutar, gritar, você pode ter um ataque de raiva, você pode mergulhar em auto piedade, desde que você o faça frente a frente com Deus. Eu não estou dizendo que é certo fazer estas coisas; mas eu estou dizendo que se você as fizer frente a frente com Deus, Ele vai passar por elas com você.

O Senhor repreendeu o Seu povo através do profeta Oseias porque eles estavam se lamentando e chorando, mas não estavam clamando a Ele. "Não clamaram a mim com o seu coração, mas deram uivos na sua cama" (Os 7.14). Se você está sofrendo, a direção para a qual aponta seus gritos de dor é eternamente importante. Chorar não é o bastante – você precisa chorar *para o Senhor*.

Eu descobri uma definição intrigante de descrença baseada em Hebreus 3.12, "Vede, irmãos, que nunca haja em qualquer de vós um coração mau e infiel, para se apartar do Deus vivo." No sentido deste verso, a descrença é "dar as costas para Deus". De modo inverso, então, a fé é "ficar frente a frente com Deus". Quando você está na fornalha da aflição, algumas vezes a única expressão de fé que pode produzir é colocar-se frente a frente com Deus.

Jó manteve sua face voltada para Deus e, no tempo certo, Deus veio a ele. Amado, no tempo certo Ele virá ao seu encontro também.

A Unção do Salmista

Nos meus meses de tumulto, achei grande força e consolo nos Salmos. Foi apenas nesta estação de calamidade que percebi quantos Salmos foram escritos num momento de depressão, desespero e luto. De repente, Davi havia se tornado um homem com quem eu podia me identificar num nível bastante pessoal.

Eu pedi, "Senhor, me dê o coração de um salmista". Eu pensava que isto era uma coisa legal para se pedir. Você sabe, os salmistas vão para o teclado, a música flui, a unção desce, todos se derretem na presença de Deus, novas canções nascem – é maravilhoso ser um salmista. Mas foi apenas recentemente que trechos inteiros dos Salmos se tornaram vivos para mim. Eu costumava ler certos Salmos e pensar "Não tem nada a ver comigo." Eu não achava que frases como "Minhas lágrimas servem-me de alimento de dia e noite" (Sl 42.3) tinham a ver comigo. Até agora. Eu queria ter o coração de um salmista mas não gostei do jeito que isto se tornou realidade.

Um pouco antes da enfermidade me atingir, o Senhor me convocara a ler "um Salmo por dia". Eu conheço pessoas que leem um capítulo do livro de Provérbios a cada dia; mas o Senhor sussurrou no meu coração que se eu quisesse ter a unção do salmista, eu precisava andar com os salmistas. Esta prática de vida diária nos Salmos tem sido uma fonte de conforto e sustento imensuráveis para mim em tempos de escuridão. Muitos dos Salmos são as crônicas de homens que em tempos de grande dor pessoal clamaram – mas eles clamaram frente a frente com Deus.

Vale de Baca

Deixe-me chamar sua atenção um momento para o Salmo 84.5-6: "Bem-aventurado o homem cuja força está em ti, em cujo o coração estão os caminhos aplanados, o qual passando pelo vale da Baca, faz dele uma fonte e a chuva também enche os tanques."

O Vale de Baca é um vale deserto e a planta chamada Baca é um tipo que pode sobreviver em clima seco. "Baca" quer dizer "choro" e quando você passa através do vale no deserto você realmente o enche com lágrimas. Mas pela primeira vez, eu conectei este verso sobre o Vale de Baca com o primeiro verso que vem logo após. "Vão indo de força em força; cada um deles em Sião aparece perante Deus" (Sl 84.7).

1. Andando pelo Vale

Na minha opinião "força" tem a ver com o topo da montanha, então permita-me fazer a seguinte paráfrase: "Eles vão de topo em topo". Eu sempre tinha imaginado o crente se movendo de topo em topo como se estivesse numa gôndola, sendo carregado de um pico para o seguinte. Eu podia ver o grande homem de Deus se movendo, de uma gloriosa vitória para a outra. Mas o verso 6 traz a dura realidade para contrastar com esta miragem cintilante: entre duas montanhas existe um vale. Então, a caminhada cristã não é pintada neste texto como "de todo em topo", mas sim "do topo para o vale, daí para o topo, daí para o vale".

Eu gostaria de aplicar este princípio a duas expressões semelhantes na Bíblia "de fé em fé" (Rm 1.17) e "glória em glória" (2 Co 3.18). Será possível que o processo de "fé em fé" seja na verdade um movimento de um topo de montanha de fé através de um vale de lutas e dúvidas e questionamento, para outro topo de fé ainda maior? E será possível que o processo de "glória em glória" seja na verdade uma progressão, que vai de um topo de montanha de glória, através de um vale de coisas de não tão gloriosas, para outro topo de montanha ainda mais glorioso? Muitos santos descobriram que algumas destas grandes vitórias em Deus foram precedidas por alguns de seus vales mais profundos.

Se tudo isso for verdade, então isto me dá a liberdade de ter estações de luta. Se eu vejo um irmão em calamidade, eu posso suportá-la com ele, sabendo que Deus tem um propósito para tal estação. Eu alguns sistemas de interpretação bíblica, os crentes não têm a opção de passar por tempos de luta, confusão, desencorajamento, perplexidade ou luto. Mas a Bíblia está cheia de histórias de homens e mulheres de Deus que passaram por estações sombrias que foram determinadas por Deus especificamente para serem exatamente assim. (Eu abordo este tema de forma mais abrangente no Capítulo Catorze).

Eu uso a palavra "estação" de propósito aqui, porque eu não acredito que Deus tenha a intenção de manter a escuridão, as lutas e dificuldades o tempo todo em nossas vidas. Deus pode nos levar a um vale de desespero por uma estação, mas a Bíblia testifica "Ainda que eu andasse *pelo* vale da sombra da morte, não temeria mal algum, porque tu estás comigo" (Sl 23.4). Deus não nos leva para os vales para nos deixar lá, mas para nos fazer passar por eles.

Fazer Perguntas

Eu já fui muito confortado pelo Salmo 27.4, "Uma coisa pedi ao Senhor e a buscarei: que possa morar na casa do Senhor todos os dias da minha vida, para contemplar a formosura do Senhor e aprender no seu templo". Eu gostaria de apontar para o convite na última frase do verso: "e aprender no seu templo". É um convite para vir à Sua presença, com o propósito de questionar, perguntar, inquirir. Talvez você já tenha ouvido dizer "Não questione Deus", ou "Um cristão nunca deve perguntar porquê". Você já se perguntou, "Deus, o que está acontecendo comigo?" "Senhor, o que está fazendo na minha vida?" Traga estas perguntas para o templo Dele e pergunte.

O nosso problema é, trazemos nossas perguntas, então nos viramos para o lado e começamos a contestar Deus. "Eu não sei por que Deus está fazendo isso comigo." Não se vire para o lado; isto é descrença. Onde você leva suas perguntas é algo muito importante. O convite é para trazer suas perguntas à presença Dele e perguntar a Ele *frente a frente*.

Permanecer

Recentemente eu disse a Deus, "Senhor eu já fiz tudo que eu sabia fazer. Eu já orei, eu louvei, eu me arrependi, eu jejuei, eu repreendi, eu me rendi, eu li livros, eu citei as Escrituras, eu passei tempo na sua presença, eu me reconciliei com todo mundo que eu podia imaginar que tivesse um problema comigo, eu já parti em um retiro pessoal de solidão. Eu não sei de mais nada que eu possa fazer."

Na manhã seguinte, acordei e um verso foi sussurrado gentilmente no meu coração: "e havendo feito tudo, permanecer firmes" (Ef 6.13). Senti como se não tivesse forças para fazer nada mais, mas sim, eu ainda podia permanecer. As pessoas me perguntavam, "Como você está?" e minha resposta era "Permanecendo."

Algumas vitórias são ganhas não através de uma postura agressiva de fé, mas simplesmente permanecendo. Deus não livrou José da prisão porque José tinha uma postura de fé dinâmica, mas porque ele manteve seu olhar fixo em Deus. José não compreendeu o que estava acontecendo com ele. Ele podia receber revelações poderosas para outras pessoas (o mordomo e o padeiro), mas quando a questão era sua própria vida, ele não podia ver nada. Mas, na hora certa, Deus veio e o livrou. "Porque o Senhor... não despreza os seus cativos" (Sl 69.33).

Deixe-me contar como permanecer: permaneça como Jó e José – frente a frente com Deus.

Capítulo 2

Paixão, Pureza e Perseverança

Estas três palavras – paixão, pureza e perseverança – representam princípios que tem um significado crucial para aqueles que desejam habitar frente a frente com Deus.

1. Paixão

Deus não está tentando criar um grupo de pessoas que ficam "no banco" que sabem como visitá-lo nos fins de semana. Não, Ele está levantando um exército de adoradores apaixonados que desejam acima de tudo viver no esplendor do Seu semblante.

Você já se maravilhou diante da erupção de adoração que explodiu através das nações nos últimos anos? Milhões de álbuns de adoração têm sido enviados literalmente ao redor do globo. Uma canção de louvor apaixonado tem enchido a boca do povo de Deus. Mas por quê? E por que agora? A resposta está no fato de que a colheita do fim dos tempos será feita por um exército de cantores ganhadores de almas que são consumidos pela paixão por Jesus.

Paixão Para Estar Com Ele

Que dia para estar vivo – café da manhã em Baltimore, almoço em Little Rock, estadia em Boston. As pessoas nunca foram acometidas com tantas demandas incessantes de seu tempo e atenção. Neste tempo e lugar, a única maneira que encontrarão para ser com Deus será se tivermos tal anseio por Sua presença que não possa ser satisfeito com nenhum outro substituto.

Eu fico imaginando se você já chegou a um ponto de tal paixão e desejo por Jesus que o seu peito literalmente arfa de anseio por Ele. "Como o cervo brama pelas correntes das águas, assim suspira minha alma por ti, ó Deus!" (Sl 42.1).

Sendo o autor do livro *O Coração do Louvor e da Adoração*, eu frequentemente ouço a pergunta, "O que você vê o Senhor fazendo na igreja nestes dias, na área de louvor e adoração?" A melhor resposta que tenho é que Deus está nos chamando para uma simplicidade renovada, onde vamos jogar o foco sobre a pessoa de Jesus. Isto inclui, eu creio, um retorno para a cruz.

A cruz é o ponto de equilíbrio usado por Deus. Se você não tem certeza de que a ênfase de um certo ensino tenha um equilíbrio adequado, examine-o através das lentes da cruz. A cruz é o antídoto mais certo para estranhezas teológicas. É hora de encarar com novo assombro para a paixão de Cristo na cruz.

Em uma coluna recente numa revista, Mike Bickle escreve, "Eu acredito que o item mais significativo na agenda profética de Deus seja a liberação de uma afeição por Jesus apaixonada e nova". Ele continua dizendo, "Uma das promessas proféticas mais preciosas que Deus já me deu é que Ele daria um grande presente à igreja nos anos 90: líderes que sejam apaixonados por Jesus. Qualquer líder com discernimento que leia estas palavras responde com seriedade porque percebe que o caminho para uma liderança deste calibre inclui uma estação numa provação severa da parte de Deus.

Uma paixão para Ser Como Ele

Em nossa igreja cantamos uma música que declara, "Eu quero ser mais como Você". Você precisa ver o quão desapaixonadamente algumas pessoas conseguem cantar esta canção. Enquanto olham para seu relógio, enquanto bocejam, olham suas unhas, eles entoam "Eu quero ser mais como Você". Não é de se admirar que Costa Deir diga que nós mentimos mais quando cantamos nossas canções.

O quão forte é o seu anseio para ser como Ele? É suficiente para levar você à Sua presença? Porque quanto mais você está com ele, e melhor você o conhece, mais você se torna como Ele. "Mas sabemos que, quando ele se manifestar, seremos semelhantes a ele; porque o veremos como ele é" (1Jo 3.2).

Salmos 115.8 contém o princípio de que nos tornamos como aquilo que adoramos. Segundo o exemplo deste verso, os idólatras tornam-se mais como os ídolos mortos que eles adoram. O inverso também é verdade para aqueles que adoram ao Deus vivo. Quando mais tempo você passa com Sua palavra e frente a frente com Ele, mais parecido com Ele você se torna.

Uma Paixão por Sua Casa

Eu acho que a doença número 1 da cristandade americana é a apatia. Literalmente, a palavra quer dizer "sem paixão". Se conseguimos carregar a nós mesmos até a igreja no fim de semana, chegamos numa condição tal que levanta uma controvérsia se nossos corpos constituem matéria animada ou inanimada.

Muitos líderes de adoração são tentados a declarar "Código Azul"1 quando olham para a congregação. Alguém precisa escrever um livro sobre como fazer ressuscitação num culto de adoração. O povo de Deus está muito diferente do Senhor Jesus, sobre quem foi dito "o zelo da tua casa me consome" (Sl 69.9).

Deus está comissionando líderes de adoração e equipes de adoração nesta hora para que ergam-se e tirem o povo de Deus de sua apatia e letargia espiritual. Ele está levantando ministros ungidos e músicos líderes que entendam que seu chamado é agitar as paixões santas do povo de Deus.

Deus deseja que os crentes alimentem o fogo uns dos outros. Quando se faz um fogo com carvão, é preciso colocar os briquetes perto um do outro, formando uma pequena pilha, para que o calor irradie de um briquete para o outro até que o carvão esteja quente o suficiente para cozinhar. Espalhe o carvão e o fogo se alastra.

Eu sempre me impressiono com o fato de que a presença nos cultos de adoração é uma prioridade muito baixa para muitos crentes. Alguém disse "Você não tem que ir à igreja para ser cristão". Eu posso lhe dizer quem disse isso – o diabo (1Tm 4.1). Mostre-me um cristão que não acha que a presença na igreja é necessária e eu lhe mostrarei um cristão frio e anêmico, com um semblante pálido de morte. Não me diga que você tem paixão por Jesus se você não tem paixão pela casa Dele. Continue dormindo, oh, Noiva tola. Você não o conhece e Ele declarará que não conhece você.

---

1 N.T.: Código Azul. É um protocolo que tem como objetivo prestar atendimento imediato aos pacientes com suspeita de parada cardiorrespiratória (PCR), interrupção súbita e brusca da circulação sistêmica e/ou da respiração.

2. Pureza

Paixão por Jesus não é suficiente em si mesma. Algumas pessoas têm uma paixão real por Jesus, mas eles alimentam várias outras paixões também. Recentemente, o Senhor falou com muita convicção ao meu coração que eu devo buscá-Lo com "paixão com pureza". Estou falando de pureza *moral*.

A pureza moral é uma fonte de grande força. A minha consciência está livre. Eu não tenho medo de que segredos sejam revelados. Quem você vê me público é quem eu sou no privado. Eu estou em paz comigo mesmo e Deus. E Satanás odeia isso.

O diabo não quer saber o quanto você ama a Jesus se ele pode te levar a fazer uma concessão moral. Todo o seu zelo tremendo por Cristo se torna inútil em um momento descuidado e descontrolado. Estejam alertas, queridos crentes, de que o inferno está lançando um ataque completo para tentar levar vocês à falha e pecado moral.

"Você deve isso a você mesmo"

Há um tempo atrás, quando eu estava passando por um vale emocional de depressão e auto piedade, fiquei impressionado com a natureza dos engodos do inimigo. Eu vou ser bem honesto ao descrever como o tentador veio a mim, porque acredito que este capítulo vai realmente ministrar a alguém.

Foi durante uma grande batalha com a depressão que a voz do inimigo veio a mim, "Vai lá e aluga um filme pornô". Isto veio com pensamentos como, "De que adianta continuar assim? Deus não está prestando atenção em mim. Ficar puro não vai me levar a lugar nenhum. O importa se eu sou puro ou não? Qual a diferença? Eu vou me ferrar mesmo. Dane-se, por que não me divertir um pouco?"

Um dia ou dois depois eu estava lendo a Bíblia quando o diabo me tentou bem ali com as Escrituras Sagradas. Eu sei que ele citou a Bíblia para tentar Jesus, mas foi a primeira vez que ele me tentou com as Escrituras. Eu estava lendo Provérbios 31 e veio o verso 6, "Dai bebida forte aos que perecem, e o vinho, aos de espírito amargoso". O tentador sussurrou claramente ao meu ouvido, "Este aí é você. Este verso está descrevendo você. Vamos lá, encha a cara – com a aprovação da Bíblia!"

Foi somente pela graça de Deus que eu posso dizer com gratidão que não sucumbi a nenhuma das duas tentações, mas fiquei impressionado com o quão palpável as tentações são num tempo de fraqueza emocional e tumulto mental.

Um Fogo Falso

Então o Senhor voltou meus pensamentos para Isaías 50.10-11:

> *Quem há entre vós que tema ao Senhor e que ouça a voz do seu Servo? Quando andar em trevas e não tiver luz nenhuma, confie no nome do Senhor e firme-se sobre seu Deus. Eia! Todos vós, que acendeis fogo e vos cingis com faíscas, andai entre as labaredas do vosso fogo e entre as faíscas que acendestes; isto vos vem da minha mão, e em tormentos jazereis.*

Sei que estes versos falavam sobre tempos de escuridão emocional que algumas vezes engolem os servos de Deus, e que a tentação era para acender o seu próprio fogo quando tudo o mais parece escuro. Mas então eu vi o que quer dizer acender seu próprio fogo – significa deixar-se levar num falso fogo porque Deus está segurando Sua luz por uma estação. O pecado moral nunca é tão tentador como quando você sente que Deus abandonou você.

Mas aqui está o aviso desta passagem: em tal tempo de escuridão, se você sucumbir à tentação de iluminar um falso fogo de compromisso moral, você vai se afundar em tormento. Eu sei que se eu cedesse àquela tentação, seria altamente destrutivo em minha vida. Usar algo como o álcool como uma maneira de retirar-me da dor é um gesto completamente devastador.

Estou atualmente numa estação onde eu estou buscando a Deus com grande anseio pessoal e desejo de alma. Mas o propósito do meu coração é buscá-lo com paixão *e também* com pureza.

3. Perseverança

Este é o princípio final: devemos buscar a face de Deus apaixonadamente, com pureza e com perseverança.

Talvez você tenha notado que nestes dias Deus não parece estar com pressa. E Seu Espírito está constantemente nos chamando a perseverar, a sermos firmes, a sofrer com paciência, a suportar e esperar. A palavra do Novo Testamento para "perseverança" descreve a capacidade de suportar sob circunstâncias difíceis, não com uma complacência passiva, mas com uma força esperançosa que resiste ativamente ao desgaste e a derrota.

O Espírito está falando muito hoje sobre esperar no Senhor. Quando a semente é lançada em solo raso ela brota rapidamente. Quando a semente é lançada em bom solo, você tem que esperar para ela brotar. Quando Deus planta com profundidade em sua vida, você vai aprender a esperar.

Espere Um Minuto

Tenho cinco coisas para dizer a respeito de esperar.

Primeira afirmação: eu odeio esperar.

Eu odeio esperar na fila do mercado ou no consultório médico, eu odeio esperar a luz vermelha mudar, eu não gosto de esperar enquanto o óleo do carro é trocado, e eu realmente não gosto do esperar.

Esperar me mata.

Esperar no Senhor me mata.

Espere um minuto. Agora estou vendo alguma coisa. Isto é o que ele está tentando fazer. Ele está demorando tanto porque Ele quer que eu morra para mim mesmo.

Segunda afirmação: Esperar é um ato de humildade.

Todo mundo ama a graça que Deus dá pra os humildes, mas quem gosta do caminho para a humildade? Uma das maneiras mais importantes de cultivar a humildade em nós é a "espera". Esperar nos torna humildes porque exige uma postura de dependência. "Pai, eu não sei o que fazer agora, então eu estou esperando até que Você fale". Alguns de nós não caminham na vontade de Deus porque estamos muito ocupados para esperar tal revelação.

Expectativa

Terceira afirmação: Esperar é um ato de fé.

Um dia desses, vi um homem esperando no ponto de ônibus e eu estava impressionado com o tempo que ele ficava ali. Ele não estava ligando para a emergência ou batendo no seu relógio, ele só estava em pé, esperando e esperando, com expectativa. Ele esperava porque sabia que o ônibus estava vindo.

Quando você espera em Deus, é porque acredita que Ele virá até você. Derek Prince disse que se não estiver preparado para gastar tempo, não pode ter expectativas de ouvir a voz de Deus. Ele diz que Deus quer um tempo onde não há tempo final, que diz "Eu estou aqui até que eu ouça a Sua voz, não importa o tempo que leve."

Por isso, o Senhor esperará, para ter misericórdia de vós; e, por isso, será exaltado para se compadecer de vós, porque o Senhor é um Deus de equidade; bem-aventurados todos os que nele esperam. (Isaías 30.18)

Os que confiam em mim não serão confundidos. (Isaías 49.23)

Quarta afirmação: Esperar nos coloca numa postura de recepção.

É possível tentar obter coisas de Deus da maneira errada. Bob Mumford articulou habilmente que Deus quer que a gente *receba* o que Ele está dando, ao invés de tentar *tomar* o que Ele não está dando. Este foi o erro que Adão e Eva cometeram; eles começaram a tomar o que Deus não estava dando ao invés de receber o que Ele ofereceu.

Minha esposa Marci ilustra tal fato desta maneira: quando a mesa está posta para o jantar, nossos filhos têm direito a tudo que está na mesa. Mas se eles tentarem pegar alguns picles antes do jantar, os seus dedos grudentos vão ganhar uma bronca. Por quê? Porque eles estão tentando pegar ao invés de esperar para receber o que é deles.

Você já percebeu o quanto eles estiveram esperando no quarto do andar superior quando o Espírito Santo veio, no segundo capítulo de Atos? A Bíblia diz que eles estavam só sentados lá. Eles não estavam tentando inventar alguma coisa. Pedro não estava tentando pôr todo mundo para dançar, gritar e chorar. Eles estavam só sentados esperando. E na plenitude dos tempos, Deus explodiu aquele lugar. Quando Deus escolhe visitar você, não precisa se preocupar em inventar alguma coisa; você saberá quando estiver sendo visitado. Você tem que acreditar que Deus pode mostrar a saída sem a sua ajuda.

O tempo de Deus

Minha afirmação final sobre esperar é esta: há somente uma maneira de chegar a um entendimento sobre o tempo de Deus, e é esperando.

Você não tem que passar muito tempo na presença de Deus antes que fique mistificado pelo Seu tempo. Ele parece estar atrasado o tempo todo. Ele leva um tempão para fazer o que você sabe que Ele poderia fazer em um momento. Em outras vezes Ele faz em um momento o que você esperava que levasse anos. O sentido do tempo de Deus, como todos os Seus caminhos, é imensamente diferente do nosso.

Jesus abordou esta disparidade numa ocasião quando os irmãos dele estavam insistindo para que Ele partisse imediatamente para Jerusalém para a Festa dos Tabernáculos. Jesus disse a Seus irmãos, "Ainda não é chegado o meu tempo, mas o vosso tempo está sempre presente" (João 7.6).

O Espírito Santo me mostrou como esta afirmação me descreve. O meu tempo é sempre agora. Se eu estou em apuros financeiros, então eu quero que tal necessidade seja atendida *agora*. Se eu vejo uma oportunidade, eu quero que tal porta seja aberta *agora*. Se eu estou doente, eu quero ser curado *agora*. Eu estou sempre pronto. A minha carne é absolutamente incapaz de afinar-se com o tempo de Deus.

O Rei Saul ficou escandalizado, em certa ocasião, pelo tempo de Deus. Samuel havia prometido vir dentro de um certo tempo para oferecer o sacrifício e abençoar o exército de Saul, quando iam para a batalha. Saul observou enquanto a hora em que Samuel deveria chegar veio e se foi. Enquanto isso, os guerreiros estavam abandonando o campo de batalha aos montes e voltando para casa por causa da indecisão e medo de Saul no campo. Saul sabia muito bem que não se pode

2. Paixão, Pureza e Perseverança

ganhar guerras sem guerreiros, então ele tomou uma decisão de momento e prosseguiu ele mesmo para oferecer o sacrifício. Enquanto ele estava fazendo isso, Samuel chegou e o repreendeu. A impaciência de Saul naquela ocasião lhe custou o reino. Saul não aprendeu nada a respeito do tempo de Deus porque ele não estava disposto a esperar.

O verdadeiro teste da espera acontece em momentos de crise. Quando passar da meia noite e Deus estiver obviamente atrasado, você vai tomar a questão nas suas próprias mãos? Se você esperar, você ganhará uma oportunidade de aprender mais sobre os caminhos de Deus. É um dos segredos menos conhecidos na liderança espiritual, que Deus usa os líderes que aprenderam a esperar Nele.

Uma das grandes afirmações em todas as Escrituras Sagradas sobre esperar é encontrada em Isaías 40.31 "Mas aqueles que esperam no Senhor renovarão as suas forças". O contexto deste verso contém instrução importante a respeito de esperar. Olhe de novo para o verso 27: "Por que, pois, dizes, ó Jacó, e tu falas, ó Israel: Meu caminho está encoberto ao Senhor, e meu direito passa despercebido a meu Deus?" Há momentos quando temos um "direito" diante de Deus, uma promessa espiritual clara que por direito é nossa, como filhos de Deus, mas que ainda não foi cumprida em nossas vidas. Em tais momentos é fácil olhar para Deus e dizer "Mas, Deus, o senhor prometeu! Eu não estou pedindo esta promessa inadequadamente, eu estou pedido como meu direto de herança!" Quando a resposta demora, é tão fácil reclamar que "meu direito passa despercebido a meu Deus". Mas é particularmente nestes momentos de promessas não cumpridas que precisamos esperar nele.

Gostaria de fechar citando a promessa de Deus para aqueles que esperam. Ela ocorre no contexto da grande afirmação em Isaías 40.31, "Mas aqueles que esperam no Senhor renovarão as suas forças". Eu gostaria que você ouvisse as palavras que seguem nove versos depois como ainda sendo aplicadas aquele que espera no Senhor. Para todos vocês, que esperam, o Senhor diz "Tu, a quem tomei desde os confins da terra, juntei-o dos lugares mais distantes, e te disse: Tu és meu servo, a ti te escolhi e não te rejeitei; não temas, porque estou contigo. Não te assombres, porque eu sou teu Deus. Eu te fortaleço, te ajudo e te sustento com a destra da minha justiça" (Is 41.9-10).

Busque Sua face apaixonadamente, guarde sua pureza e persevere até que Ele venha a você.

Capítulo 3

O Processo de Poda

Eu sou a videira verdadeira, e meu Pai é o agricultor. Toda vara em mim que não dá fruto, ele a tira; e limpa toda que dá fruto, para que dê ainda mais. Vós já estais limpos pela palavra que vos tenho falado. Permanecei em mim, e eu permanecerei em vós; como a vara por si mesma não pode dar fruto, se não estiver na videira, assim nem vós, se não estiverdes em mim. Eu sou a videira, e vós, as varas; quem está em mim, e eu nele, esse dá muito fruto, porque sem mim nada podeis fazer. Se alguém não estiver em mim, será lançado fora, como a vara, e secará; e os colhem, os lançam no fogo, e queimam. Se estiverdes em mim, e minhas palavras estiverem em vós, pedireis tudo o que quiserdes, e vos será feito. Nisto é glorificado meu Pai: em que deis muito fruto; e assim sereis meus discípulos. (João 15.1-8)

Jesus deixa uma coisa bem clara nesta passagem: Deus quer que Seu povo frutifique. A maior preocupação de Jesus não é com felicidade pessoal ou conforto. Sua preocupação básica é que você seja frutífero.

Na prática, esta qualidade é garantida aos galhos verdadeiros. Ouça Jesus dizendo, "Quando vocês se unem a Mim, que sou a seiva que dá vida à videira, que flui para vocês, Eu prometo que vocês darão fruto." Ele espera "fruto" (v.2), até mesmo "muito fruto" (v.5) dos seus galhos.

O que é Fruto?

O que é este "fruto" que Jesus deseja para cultivar em nós? A resposta mais completa é encontrada em Gálatas 5.22-23, "Mas o fruto do Espírito é: amor, alegria, paz, longanimidade, bondade, fé, mansidão, temperança. Contra estas coisas não há lei." O fruto que Deus deseja ver em nossas vidas são as qualidades pessoais do próprio Jesus fluindo de dentro de nós.

Enquanto os "dons do Espírito" correspondem às obras de Cristo, o "fruto do Espírito" são as virtudes de Cristo. Quando as qualidades de Cristo tornam-se cada vez mais evidentes em nossas vidas, então estamos sendo frutíferos. "Porque, se essas qualidades existirem e *estiverem crescendo* em suas vidas, elas impedirão que vocês, no pleno conhecimento de nosso Senhor Jesus Cristo sejam inoperantes e produtivos." (2Pe 1.8, NVI).

Se manifestarmos o genuíno amor de Cristo, inevitavelmente tocaremos a vida das pessoas. Se mostrarmos a alegria indescritível de Jesus, nossas vidas contagiarão e, inevitavelmente, afetarão outros com a mesma alegria. A vida que exibe as virtudes de Cristo certamente impactará o mundo de um modo profundamente frutífero.

É Um Processo

Note que Jesus não diz que "produzimos" fruto. Ele diz que "carregamos" o fruto (N.T. embora em português a Bíblia diga que "damos" fruto, em inglês o verbo é "bear"= carregar, levar). Deus produz o fruto em nós – Ele faz todo o trabalho. Tudo o que fazemos é ficar conectados com a vinha. Algumas vezes,

3. O Processo de Poda

Deus faz Sua maior obra em nós quando não estamos cientes dela, porque quando aprendemos verdadeiramente a habitar Nele não estamos impedindo o fluir da vinha com nosso esforço humano.

O fruto deve ser desenvolvido. Muitas vezes eu desejei que houvesse uma maneira mais fácil de obter fruto. Se pudéssemos impor as mãos uns sobre os outros e ordenar o autocontrole na vida uns dos outros. "Fruto instantâneo". Uma grande ideia americana, mas não acontece assim no Reino. Leva tempo para um fruto crescer.

A viticultura (o cultivo das uvas) é um trabalho muito difícil. As videiras exigem cuidado constante e cansativo. E há muitas forças agindo para inibir a frutificação, tais como insetos, o clima, doenças, animais, esgotamento do solo, etc.

O Cristão também encara muitos inimigos da frutificação: Satanás, a perseguição, os cuidados deste mundo, o pecado e a carne. Então o Senhor trabalha diligentemente para nos fazer mais frutíferos. Quero salientar apenas um processo que Deus usa para tornar Seu povo mais frutífero.

O Processo de Poda

Veja o verso 2 do nosso texto: "Toda vara em mim que não dá fruto, ele a tira; e limpa toda que dá fruto, para que dê ainda mais." Deus poda para redirecionar e canalizar o crescimento para que Ele possa angariar uma colheita maior.

Numa estação típica uma videira produzirá de quarenta a sessenta canas. Se todas estas canas forem deixadas na videira, a fim de que floresçam no ano seguinte, a videira não vai aguentar. O fruto cairá prematuramente, ou será pequeno e azedo – ou seja, inútil. Então o vinicultor podará cerca de cinquenta das canas, até que só sobrem cinco. Os galhos mortos são removidos, e os vivos são podados.

Ocupado Demais

Eu descobri que uma planta exuberante não é necessariamente frutífera. Isto me foi demonstrado claramente em nosso jardim no ano passado. Eu sempre planto algumas mudas de tomate todo ano e uso gaiolas de arame para apoiá-las enquanto crescem. Uma planta em especial chamou minha atenção no ano passado. Você tinha que ver esta muda de tomate. Era mais verde do que as outras, cresceu por cima da gaiola e se pendurou quase que até o chão do outro lado. Ela tinha muitos brotos e prometia ser a planta mais saudável de todo o jardim. Dá para adivinhar quantos tomates eu tirei daquela planta no ano passado? Nenhum!

Você também devia ter visto a planta feia que ficava ao lado dela. Ela amarelou com algum tipo de doença e os seus galhos eram poucos. Mas, imagine só, ela deu vários tomates grandes e suculentos. Em última análise, com que planta você acha que este jardineiro ficou mais feliz? Embora a outra planta fosse alta, verde e viçosa, eu fiquei desapontado com ela porque não produziu nenhum fruto.

O Senhor estava me ensinando uma coisa: só porque há muita atividade não quer dizer que haverá muito fruto. Deixe-me contar o que acontece numa igreja local. Quando um ministério cresce, ele prolifera em galhos. Somamos programas. Dificilmente podamos, mas sim continuamos somando. Puxa vida, como somos ocupados. Finalmente, Deus tem que vir a nós e nos forçar, dizendo "Está na hora de cortar e reduzir".

A mesma coisa acontece com as pessoas. Quando Deus abençoa o ministério de alguém, ele ou ela começa a dar fruto. Quando nos tornamos frutíferos, as exigências sobre nós aumentam. "Irmã, temos visto tamanha unção nesta área do seu ministério, então, você poderia vir falar na nossa conferência?" "Irmão, fomos tão abençoados pelo modo como Deus tem usado você nesta área, gostaríamos de saber se você estaria disposto a trazer sua liderança ungida para nos ajudar aqui nesta área?" É incrível ver o Senhor abrindo oportunidades. Você se sente necessário e útil. E frutífero.

Então o Senhor sussurra gentilmente "você pode passar um tempinho comigo hoje?" O meu coração diz "Ah, sim, Senhor; deixa só eu terminar este projeto aqui e eu já me encontro com você." Então, em Sua misericórdia, Deus vem e poda.

Dor

A poda traz dor. Aquela dor de jogador profissional. "Deus, você está me matando!" Deus fala, "É."

Eu já ouvi que o jeito que um jardineiro veterano poda é chocante para um iniciante. Sua primeira resposta ao ver a poda seria gritar "Para! Você está matando a coisa! Desse jeito, você não vai conseguir nenhum fruto no ano que vem. O que foi que a pobre planta fez pra você?"

Uma videira podada parece mutilada. Uma enciclopédia descreveu a poda como "destruição organizada". Você olha para aquele querido crente, ergue seus olhos para o céu e implora, "Deus, vai com calma. Já chega."

Alguns de nós estamos despreparados, em tempos de dor excruciante, para considerar a possibilidade de que esta seja a mão amorosa do Pai, podando Seu galho conforme Ele vê ser necessário.

Treinamento

Eu gostaria de substituir a palavra "poda" por "correção", como vejo em Hebreus 12.11, "Na verdade, toda correção, no momento, não parece ser causa de alegria, senão de tristeza, mas depois produz um fruto pacífico de justiça aos exercitados por ela." Embora a poda seja dolorosa, este verso declara, "depois... fruto"! Uma colheita é prometida para aqueles que são treinados pelo processo de poda.

Algumas coisas podem ser ensinadas, mas algumas coisas devem ser treinadas. Algumas vezes Deus quer fazer algo em nós que não pode ser comunicada a nós simplesmente nos dando um princípio ou verdade espiritual para aprender. Algumas coisas em Deus devem ser vividas. Se fosse uma lição que você deveria aprender, Ele teria lhe ensinado, você teria aprendido, você teria começado a viver aquela palavra e o assunto estaria encerrado. Mas desta vez, é uma experiência para treinar você.

Há alguém honesto o suficiente para admitir que gosta de estar no comando de seu crescimento pessoal? "Ensine-me, Senhor, e eu mudarei". Mas o processo de poda não é algo que possamos fazer por nós mesmos. Deus tem que fazer a poda.

A Alternativa

Ainda assim, por mais dolorosa que seja a poda, a alternativa é ainda mais assustadora. A Bíblia fala disso em Isaías, capitulo cinco.

No livro de Isaías, Deus se refere ao Seu povo como uma vinha. Deus diz que Ele fez tudo que podia para tornar o povo de Israel uma vinha frutífera. "Eu coloquei você num monte fértil, cultivei você cuidadosamente, mas tudo que você produziu foram uvas bravas". Eu quero considerar o julgamento que Deus lançou sobre Seu povo rebelde. "Portanto," Deus disse, "eu não vou mais podar você" (veja Isaías 5.6). Quando Deus não poda mais, é um sinal de julgamento. A consequência é a desolação.

"Senhor, mesmo que doa, não pare de me podar".

A Estação do Inverno

Deus sempre poda no tempo certo – durante o inverno. A seiva diminuiu, a videira está descansando. Esta é a época em que a poda traz o mínimo de prejuízo. Onde as canas são cortadas, as feridas permanecem abertas. Durante o inverno, as doenças e pestes que, em outro tempo, infectaria o galho também estão dormentes.

Para uma videira ser frutífera, ela deve ter uma estação dormente. Os rigores do inverno naturalmente induzem a dormência nas vinhas. Interessante notar que há uma parte da Índia onde cultivam uvas, mas onde não tem um inverno rigoroso. Nunca fica frio o suficiente para induzir as plantas ao descanso. Então sabe o que os fazendeiros fazem? Depois da colheita, eles induzem a dormência artificialmente. Eles tiram todas as folhas, cortam as raízes e privam a vinha de água. Isto causa o mesmo efeito chocante de um inverno rigoroso e a vinha para.

Quando Deus está podando, permita-me dar um conselho simples. É hora de descansar. Se você não desacelerar, você está a caminho do esgotamento.

Durante uma época de colheita abundante, há tremenda atividade. Há muitas oportunidades para ministrar, e tudo é "vai, vai, vai". A hora da colheita é a época de trabalho mais cansativa do ano. Mas aqui vai uma dica. Quando a poda começa, é hora de descansar.

Galhos Frutíferos São Podados

Por favor, sublinhe esta frase. Os galhos frutíferos são podados. Se eu fosse Jesus, eu teria dito João 15.2 um pouco diferente. Eu teria dito "Todo galho que não dá fruto é podado.

E todo galho que dá fruto é encorajado, amado, acariciado, mimado e afagado." Mas Jesus disse que são os galhos que dão fruto que são podados. E os que não dão são jogados fora.

Precisamos entender a natureza da poda. Podar não quer dizer simplesmente remover o que é ruim. Quer dizer cortar fora o bom e até mesmo o muito bom para que possamos ficar com o *melhor*.

Você está seguindo, servindo ao Senhor, dando fruto, cumprindo seu chamado e BUM!

"O que foi *isso*?"

"De onde *isso* veio?"

A sua cabeça começa a girar. Você se sente tonto. De repente, você não sabe o que é em cima, embaixo, esquerda ou direita. Você perde todo o sentido de orientação espiritual. Tudo que você consegue ver é dor e você nem sabe o porquê.

O primeiro sinal de que você está sendo podado é este: Deus para de falar com você. Por mais freneticamente que você busque o céu, o céu não quer falar com você agora.

O Que Está Acontecendo?

Quando eu sei entendo alguma coisa, a minha primeira resposta é perguntar para Deus. Quando eu não tenho uma resposta, meu próximo instinto é analisar.

Quando eu perdi a minha voz, o lado analítico do meu cérebro brotou para a vida. "Deus, o que foi que eu fiz de errado?" Eu olhei para as circunstâncias ao redor da minha ferida vocal e tentei entender se não tinha entendido alguma coisa da parte de Deus. Será que tinha passado à frente Dele? Ou saído do centro dos Seus propósitos? Meus esforços mais sinceros para avaliar meu serviço diante de Deus não deram em nada.

Então decidi me arrepender. Todos sabem que não custa nada se arrepender, não é? Eu não conseguia pensar em nenhum pecado explícito na minha vida, mas comecei a me arrepender de qualquer jeito. Me arrependi do orgulho, da ambição pessoal, de pensamentos de luxúria. Comecei a aceitar sugestões, "Tem alguma coisa da qual você acha que eu deveria me arrepender?" Eu me arrependi de coisas que nunca tinha feito. Quando você está sofrendo muito, você fica até feliz em se arrepender. Qualquer coisa para que a dor cesse.

Mas nada mudou.

"Ah," eu pensei, "eu sei o que está acontecendo aqui. Este é um ataque espiritual." Eu pedi à minha igreja para orar, eu pedi às pessoas ao meu redor para orar por mim. O único problema é que não tinha nem um osso militante sequer no meu corpo. Só o pensamento de entrar numa guerra espiritual já me deixava sem vida. Se isto era um ataque demoníaco, eu não tinha energia para fazer nada a respeito.

Estou contando minha experiência pessoal porque quando estamos sendo podados é da natureza humana tentar analisar o que está havendo.

Deixe-me dizer o que você fez de errado, se é que foi podado. Você estava *dando fruto*. Deus olhou para você com amor, lá de cima no céu e disse, "Bom trabalho!" BUM!

Dar uma Mão para Deus

Deixa eu dar outra sugestão. Quando Deus está podando você, relaxe na introspecção. Eu queria que fosse possível acelerar o processo cooperando, mas em algumas coisas Deus parece que tem o Seu próprio horário. É hora de relaxar apenas e habitar Nele.

Você já tentou aconselhar a Deus sobre como podar? "Não, Deus, assim, não. Deixe esse aí, Senhor. Se você vai podar, Deus, deixa eu sugerir que corte aqui. Pode cortar este primeiro, Senhor. Não, Senhor, eu disse não. Não este. Eu te repreendo, Satanás. Sai daqui com isto, Senhor, este aqui está dando fruto. Pare, Senhor. O meu ministério profético não, né? Corta outra coisa. Sai de perto deste aí, Senhor, no nome de Jesus. Não, Senhor, NÃAAAAAO!
BUM.
"Era o meu braço, Senhor. O Senhor cortou o meu braço direito."

Dayton Reynold, o Supervisor Geral da comunhão de pastores da qual eu faço parte, disse recentemente: "As coisas que funcionaram por anos não estão funcionando mais." Deus está podando coisas que antes eram produtivas. Maneiras de ministrar que antes eram altamente eficazes não estão funcionando mais.

A Casa do Oleiro

Você provavelmente já leu sobre a visita de Jeremias à casa do Oleiro e as lições que Deus ensinou a Jeremias ali. Deus disse a ele, "Eu sou o oleiro, você é o barro" (Jeremias 18). Um dos princípios que Deus ensinou a Jeremias com relação aos Seus caminhos com o vaso de barro foi este: Deus só permite a destruição para que Ele possa fazer a construção.

Jeremias profetizou um bocado de julgamento contra a nação de Judá e quando eles já tinham sofrido o que Deus planejara, teria sido fácil dizer "Ufa, é difícil ficar na roda do oleiro de Deus. Deus faz mesmo muitas coisas com você quando você pertence a Ele."

3. O Processo de Poda

Então Deus veio com uma palavra ao Seu barro, a casa de Judá, com a intenção de dar-lhes entendimento sobre Suas ações na vida deles. Esta palavra é encontrada alguns capítulos depois no livro de Jeremias. Deus vem até a Sua massa de barro, que tinha levado a maior surra, e declara "Porque bem sei os pensamentos que tenho acerca de vós, diz o Senhor; pensamentos de paz e não de mal, para vos dar o fim que esperais" (Jr 29.11).

Se você se sente pulverizado nas mãos de Deus, santo cansado, então este texto é para você. Os propósitos de Deus, embora não sejam fáceis ou divertidos, são sempre redentores.

Não Existem Dois Iguais

Dois ou três anos de treinamento são necessários antes que alguém esteja preparado para podar vinhas, simplesmente porque cada vinha deve ser podada de maneira única. Alguém que poda precisa desenvolver um olhar para cada planta individualmente e podá-la de acordo. De modo semelhante, Deus poda em cada uma de nossas vidas individual e unicamente.

Por isso que é perigoso dizer, "Deus fez isto com você?? Deus nunca fez nada deste tipo comigo. Você não deveria estar passando por isso, tem que haver alguma coisa errada em algum lugar."

A resposta oposta pode ser igualmente tentadora – compartilhar a sua experiência quando alguém passa pela mesma coisa. "Sim, isto aconteceu uma vez comigo também. Deixa-me te falar, o que você precisa fazer é..." "Foi assim que eu venci este desafio..."

A maneira como você encontrou a vitória provavelmente não tem nada a ver com o caminho deles para a vitória, embora as circunstâncias possam ser semelhantes. Quando alguém está sendo podado, é melhor guardar o seu conselho para você mesmo.

Quando você está sendo podado, eu acho que um dos aspectos mais difíceis deste processo é quando você olha para outros galhos que estão em uma estação diferente com Deus. Você olha para a irmã fulana-de-tal, que está no meio da primavera ou do verão e ela está dando glórias. Tudo está explodindo em glória verdejante na vida dela e ela irradia a alegria do Senhor.

"Não é justo, Deus. Se eu tenho que passar por isso, ela também tem."

Ser podado é embaraçoso. Todos os outros estão dançando e você sente vontade de chorar. Os outros estão florescendo e olhe só para você. Você não parece nem um pouco espiritual. E quando os outros olham para você, eles não falam, mas dá para ler os pensamentos deles. "O que será que ela fez de errado?"

Parece que você está morrendo? Exatamente.

Como Sobreviver

Eu gostaria de encerrar este capítulo indicando como sobreviver ao processo de poda. A chave é encontrada no nosso texto em João 15 e é a palavra "permanecei". Permanecer em Cristo. Eu não estou falando de ser mais disciplinado no sentido de ter sua hora com Deus a cada manhã. Eu estou falando sobre uma postura do coração que é mantida vinte e quatro horas por dia.

Somos tão orientados por tarefas, que queremos uma chave, ou dois passos, ou três princípios. Mas Cristo diz simplesmente, "permanecei em mim".

Quando Deus começou a direcionar minha atenção ao processo de poda, eu estava compartilhando alguns dos meus pensamentos com um dos meus associados no ministério, Chris Wood. Chris tem um pouco de conhecimento sobre horticultura e ele disse, "Deixa eu contar para você o que eles fazem quando podam uma videira."

Depois que um galho é podado, ele disse, o aumento do peso devido à colheita que virá no próximo ano colocará muito estresse sobre o galho e este vai quebrar. Para evitar isso, o fazendeiro tomará o ganho que foi podado, puxando-o gentilmente para trás e amarrando-o à videira com fios. Assim, quando o peso da colheita vier, o galho será capaz de aguentar o fruto maior sem quebrar. "Ele nos despedaçou e nos sarará" (Os 6.1).

Quando Chris compartilhou este pensamento comigo, eu percebi bem ali na hora onde eu estava com o Senhor. Eu tinha sido amarrado à videira. Com arame. Eu não podia me mexer. Deus tinha me costurado ali e tudo que eu podia fazer era ficar frente a frente com Ele. Não havia nenhum outro lugar para ir, nada mais para ver. Eu tinha sido amarrado a Ele, frente a frente.

Eu ainda sofro. Mas estou ficando frente a frente com Ele, permanecendo Nele. E eu sei que quando a seiva viva da vinha fluir através de mim, a vida de Deus finalmente romperá de dentro para uma nova estação de frutos. Ele prometeu, uma nova colheita está chegando.

"Aqui eu habito, Jesus. Frente a frente contigo".

Parte 2

Ver Jesus

Capítulo 4

Ouça

"Se estiverdes em mim, e minhas palavras estiverem em vós, pedireis tudo o que quiserdes, e vos será feito" (João 15.7).

Em fevereiro de 1994 cheguei a um ponto de crise pessoal, sentindo que poderia não ter mais a habilidade de continuar no ministério em razão da enfermidade em minhas cordas vocais. Eu estava me sentindo completamente vazio tanto emocional quanto espiritualmente. Após pregar em um final de semana, voltei para casa e anunciei à minha esposa: "Vou sair para um retiro de três semanas para estar com o Senhor, depois vou voltar pra casa e renunciar ao ministério". Eu não estava planejando simplesmente renunciar ao pastorado, eu iria deixar o ministério como um todo. Desnecessário dizer que isso não deixou minha esposa muito feliz. Mas, eu estava desesperado para que o Senhor fizesse uma obra em minha vida e, se Ele não fizesse, eu sabia que meu ministério estava acabado.

Leia o Vermelho

O Senhor me deu uma direção muito clara para os vinte e um dias de João 15.7, "Se estiverdes em mim, e minhas palavras estiverem em vós, pedireis tudo o que quiserdes, e vos será feito". Eu sabia o que eu queria do Senhor (ser curado), e a fim de que isso acontecesse, eu precisava estar n'Ele, e que suas palavras estivessem em mim. Eu sentia como se estivesse n'Ele, mas não parecia que Suas palavras estavam em mim. Em seguida me senti dirigido pelo Espírito Santo a mergulhar nos quatro Evangelhos, dedicando-me inteiramente à vida e as palavras de Jesus. Eu tomei literalmente Sua afirmação, "Se *Minhas* palavras estiverem em vós", e me voltei para as palavras que o próprio Jesus disse.

Na minha Bíblia todas as palavras ditas por Jesus estão escritas em vermelho, então se algo estava escrito em vermelho eu lia. Encontrei palavras em vermelho no livro de Apocalipse, portanto eu lia aquelas porções. Achei um pouco de vermelho em Atos – se Jesus falou aquilo, eu lia. Comecei pelo evangelho de Mateus, e desde que eu não estava com pressa, me dei ao luxo de ser capaz de meditar em uma frase ou pensamento tanto quanto eu desejasse. Eu refleti em cada linha, cada palavra. Durante estas três semanas me organizei para ler os evangelhos de Mateus, Marcos, Lucas e João, três vezes cada um.

No momento em que cheguei à vida de Jesus eu orei: "Jesus, revele-Se a mim. Eu deixo de lado todas as minhas ideias preconcebidas de quem o Senhor é, todos os meus preconceitos teológicos, tudo que sempre supus que o Senhor é. Vou ler sobre a Sua vida, Senhor, como se fosse a primeira vez que faço isso. Estou pedindo que o Senhor me mostre realmente quem o Senhor é".

4. Ouça

Nos primeiros cinco dias eu me perguntava por que estava ali. Nada estava acontecendo. Eu não estava recebendo nenhuma revelação poderosa. Não tive visões. Mas lá pelo sexto dia, comecei a perceber que algo estava acontecendo dentro de mim. O poder contido nas palavras de Jesus estava fazendo efeito na minha alma vazia e cansada; e meu espírito começou a ser vivificado. Eu me levantava no meio da noite com os pensamentos de Jesus explodindo em minha mente. Eu chorava literalmente, como se fosse a primeira vez em meses que a palavra de Deus houvesse fluído inspiradora em meu coração.

Quero compartilhar com você algumas das coisas que o Senhor falou comigo durante aquele retiro, enquanto eu estava frente a frente com Ele. Vai levar mais do que um capítulo para fazer isso. Mas deixe-me começar este capítulo compartilhando com você a "palavra" que talvez eu mais tenha valorizado.

Dureza de Coração

Você é um dos doze discípulos, e está viajando com Jesus. Foi um longo dia e há cerca de cinco mil homens na multidão – além de mulheres e crianças, e não há onde achar comida nas redondezas. Por essa razão, Jesus decide multiplicar alguns pães e peixes para a multidão. Ele passa um pão para você, e você também começa a dividi-lo ao meio uma vez mais a cada parte da multidão. Imagine isso: você vendo o pão e o peixe se multiplicando em suas próprias mãos!

Você tem que admitir, que se na verdade estivesse no lugar de um dos discípulos, certamente aquela experiência o teria lançado para uma dimensão inacreditável de uma fé poderosa. Para ter certeza, vamos ver o que os discípulos fizeram.

"... *perto da quarta vigília da noite aproximou-se deles, andando sobre o mar, e queria passar adiante deles. Mas, quando o viram andar sobre o mar, pensaram tratar-se de um fantasma e começaram a gritar. Porque todos o viram e perturbaram-se; mas logo falou com eles: "Tende bom ânimo! Sou eu, não temais!". E subiu no barco para estar com eles, e o vento se aquietou. Eles ficaram muito assombrados e maravilhados entre si, pois ainda não tinham compreendido o milagre dos pães, porque seus corações estavam endurecidos"* (Marcos 6.48-52).

Este é um princípio importante: a dureza de coração não é uma recusa teimosa e intencional de crer em Deus. Os discípulos não estavam negando o milagre da multiplicação dos pães. Contudo, mesmo depois de terem visto acontecer, e mesmo querendo acreditar desesperadamente como Jesus fez, eles não conseguiam. Seus corações estavam endurecidos.

A dureza de coração é uma doença que aflige os corações de sinceros seguidores de Cristo. Temos feito Jesus o Senhor das nossas vidas, mas ainda temos corações duros.

Vamos pular dois capítulos no evangelho de Marcos, até a história da segunda multiplicação, com quatro mil pessoas. Imagine mais uma vez, que você é um dos discípulos. Se a primeira multiplicação com os cinco mil homens não foi entendida em seu espírito, certamente na segunda vez em que acontecesse à sua volta, isso tornaria você um homem de poder e fé.

Porém uma vez mais, mesmo depois de terem ajudado Jesus alimentar quatro mil pessoas, os discípulos ainda lutavam para crer. É depois de alimentar esses quatro mil que Jesus diz a eles: *"Tendes ainda vosso coração endurecido?"* (Marcos 8.17).

Ver os feitos milagrosos não amoleceu os corações ou produziu fé. Na verdade, a demonstração dos milagres produziu dois efeitos opostos nas vidas daqueles que os testemunharam. Quando Jesus ressuscitou Lázaro, um grupo creu n'Ele, e outro grupo foi até os Fariseus denunciar Jesus (ver João 11.45-46). Muitas vezes eu pensei: "Se ao menos tivéssemos mais milagres acontecendo em nossas igrejas hoje, mais pessoas seriam salvas". Contudo, as pessoas não mudam. Existem pessoas que vão olhar para um genuíno milagre de Deus e vão se tornar mais endurecidas do que nunca.

Um coração endurecido é um coração que não percebe ou não compreende em nível espiritual. Isto descreve um discernimento espiritual reduzido – a cegueira espiritual.

Os Quatro Tipos de Solo

Na parábola do semeador (Lucas 8.5-8), Jesus descreve quatro tipos de solo. Cada tipo representa uma condição do coração. A semente que é semeada é a palavra de Deus. Veja que, a qualidade da semente é sempre boa: é a condição do coração que determina a fertilidade da palavra.

O solo "a beira do caminho" (v.5), representa "o coração endurecido", e vou voltar a falar mais sobre isso daqui a pouco.

O solo "pedregoso" (v.6), representa "o coração que não é profundo". Na Palestina existem vastas áreas de rochas calcárias, cobertas com finas camadas de terra. O solo existente ali (talvez cerca de uns 5 a 10 centímetros), é muito fértil, mas o problema é a rocha encoberta. A semente vai germinar e brotar rapidamente, todavia em função de não poder aprofundar suas raízes na rocha, ela em breve vai murchar e morrer.

Isto se refere àquelas pessoas que têm uma reação rápida e entusiasmada a palavra de Deus. Porém, encobrindo seu entusiasmo estão algumas áreas de carnalidade que se recusam a mudar ou renunciar. "Estou te servindo, Senhor – só não me peça para terminar com o meu namorado". "Ok, eu amo a Jesus, e acho que Ele vai entender que eu não consigo simplesmente deixar as drogas imediatamente". Ou, "Agora que estou divorciado, não existe chance de voltar para minha esposa". "Com certeza eu estou feliz em ter Jesus, mas você entende, que ainda preciso do meu psiquiatra". Por trás do entusiasmo está uma mentalidade que não vai mudar.

Existem dois problemas com o solo sem profundidade. Ele não retém umidade, e não permite que o conjunto de raízes se desenvolva. A aplicação espiritual é clara: quando tempos difíceis o atingem, o cristão "raso" não sabe como usar o fluir do Espírito Santo em sua vida espiritual, e como sua vida espiritual é muito "rasa", ele se torna um caso perdido.

O "solo espinhoso" (v.7), representa "o coração abarrotado". Seu solo espinhoso é enganoso. O solo já foi revolvido, e parece perfeitamente pronto para a semeadura. Entretanto, enterrado neste solo há raízes e sementes de ervas daninhas e espinhos. Adivinhe qual desses sempre cresce mais rápido – a boa semente ou as ervas daninhas? É claro que você sabe. As ervas daninhas crescem vigorosamente e sufocam as plantas boas.

Jesus disse que aqueles espinhos e as ervas daninhas representam "... os cuidados, riquezas e deleites da vida" (Lucas 8.14). Algumas vezes, a vida é muito rotineira. Não é o caso de se virar milionário, só estamos tentando pagar as contas. Contudo, a luta diária para permanecer à tona financeiramente, e até guardar um pouco para as férias e a aposentadoria, tem sido a causa de muitos "cristãos espinhosos" estarem perdidos.

A "boa terra" (v.8), representa "o coração frutífero". Os cristãos não são automaticamente frutíferos. Temos que ser cuidadosos em como aceitamos a palavra de Deus e permitir que ela brote em nossas vidas. É por isso que Jesus, após contar esta parábola, os advertiu: "Portanto, considerem atentamente como vocês estão ouvindo" (Lucas 8.18 – NVI).

O Coração Endurecido

Agora vamos voltar ao "solo à beira do caminho" ou "o coração endurecido". Todo jardim tem um caminho entre as fileiras cultivadas, assim o jardineiro pode cuidar da colheita. É isso que o solo à beira do caminho é: o caminho através do jardim onde as pessoas andam. É a parte do solo que é pisoteada e se torna dura. Ainda que a semente seja lançada sobre ela, não consegue penetrar. E mesmo que pudesse, as aves vêm e a levam.

Essa não é a única passagem na Bíblia onde as aves simbolizam demônios. Algumas pessoas sentam na igreja, e enquanto ouvem a palavra de Deus sendo proclamada têm estes tipos de pensamento: "Não sei se concordo com isso". "Não tenho certeza que esta é a única maneira de ver isto". E o que estas pessoas de coração endurecido não percebem é que, enquanto eles estão sentados na igreja, os demônios estão roubando a bênção da palavra. Não estou falando, aqui, sobre o crente sincero que cuidadosamente avalia o que está sendo pregado, em confronto com o que as Escrituras dizem; como os bereanos fizeram em Atos 17.11. Estou falando sobre alguém com um coração tal que, nem mesmo percebe que demônios estão se aproveitando de sua dureza de coração roubando o pouco da palavra que, de fato, cai em seu coração. Isto acontece em nossas igrejas mais frequentemente do que gostaríamos de admitir.

O Senhor sussurrou gentilmente ao meu coração, "Este é o seu problema, Bob. Você tem um coração endurecido".

Jesus não está horrorizado pela descrença e dureza do seu coração. Ele sabe o quão duro é o seu coração. Mas Ele quer que você veja isto. Muitas vezes Jesus disse frases como essa para os seus discípulos: "Por que vocês têm tão pouca fé?". Ele não falou isso para repreendê-los com dureza ou arrasar com eles. Ele falou desse jeito para despertá-los para um entendimento da verdadeira condição do seu coração. O primeiro passo da vitória é enxergar sua dureza de coração.

A Palavra Principal

A não ser que seu coração esteja quebrantado e pronto, você não será capaz de receber o que estou prestes a dizer. Poderia lhe fazer bem colocar este livro de lado por alguns minutos, e pedir ao Senhor que prepare o seu coração, por que o que vou compartilhar é algo que tem o potencial de mudar a sua vida.

Enquanto eu meditava nos Evangelhos, subitamente compreendi qual era o conceito mais importante na mensagem de Jesus. O Senhor me revelou qual era a palavra ou pensamento mais notável nos ensinamentos de Jesus. A palavra central do evangelho. Quando entendi isso, percebi que esta era a palavra mais importante de toda a Bíblia.

Eu não tirei isso de um comentário bíblico ou de um livro. Esta foi uma revelação vinda da escola do Espírito para o meu coração.

É muito importante que você compreenda o que o Espírito está querendo dizer neste capítulo, por que se você puder ouvir esta palavra, ela irá mudar sua orientação a respeito de tudo o que você faz no Reino de Deus. Para mim, ela se tornou uma "chave mestra" para mover e ministrar no Reino. É através desta única palavra que destravamos tudo o que Cristo tornou disponível para nós no reino espiritual.

A palavra é simplesmente esta: "*ouvir*". "Quem tem ouvidos para ouvir, ouça" (Mateus 11.15). Tudo no evangelho é baseado verdadeira e simplesmente em *ouvir* o que Deus está falando.

Talvez você pensasse que "amor" seria a palavra mais importante no evangelho. Mas, quando Jesus foi questionado sobre qual era o mandamento mais importante, Ele citou o Antigo

Testamento desta maneira: "...*Ouve*, Israel, o Senhor, nosso Deus, é o único Senhor. Amarás, pois, o Senhor, teu Deus, de todo o coração, de toda a alma, de todo o entendimento e de todas as forças. Este é o primeiro mandamento" (Marcos 12.29-30).

Ou talvez pensasse que a resposta certa seria "fé". Mas certamente você já leu na Bíblia que, "A fé vem pelo *ouvir*".

Ou quem sabe a palavra fosse "palavra". E ainda em muitas ocasiões Jesus perguntou às pessoas por que elas não ouviam as suas palavras. Qual o benefício de uma palavra chegar até você, se você não pode ouvi-la? A plenitude dos gloriosos propósitos de Deus é propagada abertamente diante daqueles que têm ouvidos para ouvir.

Esta verdade penetrou poderosamente em meu coração quando li o relato da transfiguração (Marcos 9.1-8). Pedro e seus amigos estavam fascinados pela companhia em que Jesus estava – Moisés e Elias! Mas quando a nuvem os escondeu, a voz do Pai falou, de dentro da nuvem, com toda a autoridade: "Este é o meu Filho amado; a Ele *ouvi*" (Marcos 9.7). Moisés representava a Lei, e Elias os profetas. O que o Pai estava dizendo era: "Vocês já têm a Lei o os Profetas. Agora vocês têm o meu Filho. Ouçam a *Ele*!".

A ênfase do Pai, contudo, não estava somente na segunda palavra; ela estava também na primeira – "*Ouçam* a Ele!".

Ocupado Demais

Vou lhe dizer por que você não o escuta. Você não está em Sua palavra. Pronto, falei.

Jesus tinha somente uma expectativa em relação aos seus discípulos. Jesus não estava procurando por eles por serem fiéis, ou crédulos ou inteligentes. Ele os escolheu para que o seguissem apenas por um propósito: "Ordenou aos doze que estivessem com Ele" (Marcos 3.14). Tudo o que Jesus pediu a eles foi que estivessem com Ele e ouvissem as Suas palavras.

Aconteceu que, indo eles pelo caminho, Jesus entrou numa aldeia, e uma mulher chamada Marta o recebeu em sua casa. Tinha esta uma irmã chamada Maria, a qual, assentando-se aos pés de Jesus, ouvia sua palavra. Marta, porém, andava distraída em muitos serviços e, aproximando-se, disse: Senhor, não te importas que minha irmã me deixe servir só? Dize-lhe que me ajude. Jesus respondeu-lhe: Marta, Marta, andas preocupada e afadigada com muitas coisas, mas uma só é necessária. Maria escolheu a boa parte, a qual não lhe será tirada. (Lucas 10.38-42)

O que era essa "coisa" necessária, a qual Maria escolheu? Era *ouvir Sua palavra*.

Eu percebi que eu era Marta. Fazer, fazer, fazer. Trabalho, trabalho, trabalho. Servir, servir, servir. Quantas "Martas" temos por aí, lendo isto neste momento? "Marta, Marta". "Bob, Bob". "Linda, Linda". "Jim, Jim". Oh, que reprovação mordaz nestas palavras. Eu estava ocupado demais para ouvi-Lo.

Você pode não entender tudo que ouvir. Você pode não gostar de tudo o que ouvir. Mas, oh, o poder de Suas palavras! Não há desafio que você enfrente que não seja inteiramente desmantelado pela palavra viva, vinda da boca de Deus.

Os Sons da Babilônia

Você não O escuta por que você está ouvindo demais muitas outras coisas. Você ouve a Oprah Winfrey, a Sally Jesse Raphael, e o Phil Donahue[2]. Você está lambendo os dedos lambuzados

---

2   N.T.: Famosos apresentadores da TV norte-americana, do gênero de entrevistas e entretenimento. Atualmente, nenhum deles tem mais programas na TV. Mas eram campeões de audiência em sua época.

com as iguarias da Babilônia. Uma noite que poderia ser gasta ouvindo as palavras de Jesus é desperdiçada diante da televisão. "As the World Burns³". Pobre do cristão que apresenta razões para assistir novelas. As novelas são comida para abutres.

Você entra no seu carro pela manhã, e no caminho para o trabalho sintoniza na sua estação de "Rock contemporâneo Adulto", cantarolando as melodias da Grande Meretriz. E então você clama: "Oh Senhor, eu quero te ouvir". "Não. Você não quer". Você sabia que no livro do Apocalipse eles choram a morte das canções da Babilônia?

Alguns cristãos têm que ter suas risadas diárias com alguns humoristas que são "uma boca para falar palavras arrogantes e blasfêmias" (Apocalipse 13.5).

Ou talvez seja a CNN. Eu assisti o noticiário cuidadosamente, e depois de ter acabado, percebi que eram as mesmas notícias que eu havia assistido quatro horas atrás! Estamos assistindo as mesmas notícias uma vez após a outra, enquanto Cristo nos convida para ouvi-Lo.

Você ri com as comédias, nem pisca assistindo os documentários, assiste os filmes até o final. Você, cristão de coração endurecido, pare de fingir que deseja ouvir Suas palavras. Como você pode dizer que quer ouvi-Lo quando está fazendo tudo o que é possível para suprimir o som da Sua voz?

O Som da Voz de Cristo

Conforme gasta tempo "imerso" nas palavras de Jesus, você começa a ter seus ouvidos afinados com Sua voz. Quanto mais afinado você estiver com o timbre da voz de Cristo, mais fácil se torna reconhecer uma voz diferente.

---

3   N.T.: Álbum de hip hop lançado em 1999 pelo grupo Arsonists, cuja música principal "As the World Burns", fala da destruição física e moral da humanidade.

Passei por isso enquanto lia os Evangelhos. Eu abri a Bíblia nas cartas às sete igrejas do Apocalipse, capítulos dois e três. Eu estava lendo a parte com as letras vermelhas naqueles capítulos, quando subitamente percebi uma coisa – este é a maneira como Jesus fala! A voz de Jesus nos Evangelhos era a mesma voz do livro do Apocalipse. E depois, alguns dias mais tarde, eu estava lendo um comentário que dizia: "Nesta passagem, Jesus queria dizer isso, isso e isso". Quando li aquilo, alguma coisa dentro de mim se levantou e gritou: "Não! Aquelas não eram palavras de Jesus!". Eu havia ficado tão afinado com o som da voz de Jesus, que era capaz de reconhecer uma falsa voz.

Muitos de vocês não podem ouvi-Lo, pois nem ao menos reconhecem Sua voz. E também não reconhecem quando uma voz diferente chega até vocês. Tomam decisões baseadas no que pensam que Jesus estava dizendo a vocês, mas como a voz de Jesus não lhes é nada familiar, vocês são enganados.

Então agora você está admitindo um relacionamento romântico em sua vida, e convenceu a si mesmo que Jesus o aprova.

Você foi e comprou o melhor carro pelo qual poderia pagar e pensa que Jesus aprovou.

Acha que Ele concordou com o empréstimo que você pegou para reformar a casa.

Também aceitou aquela promoção no trabalho, pensando que o Senhor o estava capacitando para dizimar mais para a obra de Deus. Todavia, agora você mal tem tempo para o Reino de Deus.

Você tem certeza que conhece o som da voz de Cristo?

4. Ouça

Ouvir o Pregador

Considere a forma displicentemente com a qual você ouve a pregação da palavra. Ainda que esteja sendo instruído pelo seu pastor, não há caneta em sua mão, você não trouxe nenhum papel para anotar o que o Espírito Santo está falando ao seu coração; não se inclina para frente em antecipação, os seus olhos não estão atentos e focados. Seu coração está endurecido. Vou lhe dar cinco razões por que sua Bíblia não está aberta em frente a você, e por que a função de tomar notas foi delegada ao seu cônjuge:

1. Você não orou pelo culto ou pelo pregador, portanto não acredita que Deus vai usá-lo para trazer uma palavra de vida para o seu coração (*ausência de oração*).

2. Você não espera que o pregador seja capaz de trazer alguma da palavra que você já não tenha ouvido (*arrogância*).

3. Você é indiferente por que já está gordo e bem alimentado (*aridez*).

4. Você é tão arrogante a ponto de pensar que pode se lembrar, após uma hora, daquela palavra viva que Deus falou para você, enquanto na dureza do seu coração você tem esquecido constantemente as primeiras palavras que Ele lhe trouxe (*decepção*).

5. Você não crê que Deus honrará Sua promessa de abençoar aqueles que "têm fome e sede de justiça, por que eles serão fartos" (*descrença*).

O seu ouvir a Deus, precede Deus ouvir a você. Deus fez milagres tremendos através do ministério de Jesus, e toda vez Ele ouviu Seu Filho por uma razão simples: antes de tudo Jesus ouvia o Pai. Um pouco antes de ressuscitar Lázaro, Jesus orou, "Bem sei que sempre me ouves" (João 11.42). Oh, como eu tenho desejado ser capaz de dizer estas palavras ao Pai! Com frequência me pergunto se Ele realmente me ouve. Porém, estou aprendendo que se quero ser ouvido, eu preciso antes de tudo, ouvir a Ele.

Seus Pensamentos, Seus Caminhos

"Porque meus pensamentos não são os vossos pensamentos, nem vossos caminhos, os meus caminhos, diz o Senhor. Porque, assim como os céus são mais altos do que a terra, assim são meus caminhos mais altos do que os vossos caminhos, e meus pensamentos mais altos do que os vossos pensamentos" (Isaías 55.8-9).

Parta deste princípio desde o começo: se penso assim, isto não se parece com os pensamentos de Deus. Se eu faria isto de certa maneira, posso ter certeza que este não é o caminho que Deus usaria, a não ser que antes de tudo eu houvesse recebido essa orientação d'Ele. Por que os Seus pensamentos e os seus caminhos estão, literalmente, um universo acima de mim.

Existe apenas uma maneira de ter os mesmos pensamentos que Deus ou de andar nos Seus caminhos: é ouvindo Sua voz. Se não estou andando no caminho que Ele estabeleceu para mim, estou condenado à frustração de caminhar pelo meu esforço humano.

Agora percebo que levei minha vida com muita autoconfiança. Fui ousado e visionário quando os meus pensamentos e meus caminhos eram totalmente divergentes dos pensamentos e dos caminhos de Deus. Líderes de adoração precisam perder a confiança em si mesmos. Pastores precisam chegar a um nível de dependência em que cada palavra pregada venha da boca de Deus. Não podemos mais nos permitir dar nem mais um passo sozinhos, longe de Deus.

Capítulo 5

Um Coração Quebrantado

Após ler o capítulo anterior, muitos de nós temos uma conscientização renovada a respeito de nossa dureza de coração. Como nossos corações ficaram daquele jeito?

Coisas Que Nos Endurecem

Quero, muito rapidamente, mostrar alguns dos caminhos que levam nossos corações a endurecer. Quando vejo outro crente necessitado, e tenho meios de lhe trazer algum auxílio mas, ao invés disso, fecho minha mão para ele ou ela, a Bíblia diz que estou endurecendo o meu coração (Deuteronômio 15.7). Quando me abstenho de fazer uma boa obra que o Senhor quer que eu faça, o meu coração se endurece.

Os pecados endurecem o coração (Hebreus 3.13), e fazem isso enganosamente. Quando negligenciamos os elementos fundamentais da caminhada cristã (oração, leitura bíblica, dízimo, fidelidade com a casa de Deus, etc.) endurecemos nossos corações.

Em Lucas 21.34, Jesus apontou outras três coisas que endurecem nossos corações: "Olhai por vós; não aconteça que vosso coração se carregue de glutonaria, embriaguez e dos cuidados desta vida, e venha sobre vós de improviso aquele dia". Glutonaria, embriaguez e dos cuidados desta vida sobrecarregam nossos corações, pisoteando o solo dos nossos corações. Acerca de glutonaria e embriaguez, vou dizer apenas isso: o cristão não pertence à vida de festas do mundo. Permita-se a vida noturna de um bar, e você estará endurecendo perigosamente o seu coração. Os "cuidados desta vida" não são necessariamente malignos ou coisas ruins. Eles são apenas os desafios diários. Em outras palavras, tudo o que você tem que fazer para endurecer o seu coração é tratar das tarefas normais da vida diária.

Se vamos quebrantar nossos corações, temos que erguer-nos acima do normal, acima do humano e tocar o celestial.

Duas Disciplinas Espirituais

Talvez alguém pergunte: "Agora que sei que meu coração está endurecido, o que faço a esse respeito?". É sobre isso que este capítulo fala. Eu quero destacar duas disciplinas espirituais que são concebidas por Deus para quebrantar os nossos corações.

A primeira delas é o jejum. Sei que assim que lerem esta palavra, alguns de vocês estarão inclinados a passar direto para o próximo capítulo. Não faça isso. Deus quer que você venha para uma nova dimensão revolucionária na área do jejum, e este capítulo é uma leitura muito importante para você.

"Que espírito atormentador tomou posse de Deus no dia sádico em que Ele inventou o jejum?", alguém talvez pergunte. "Que tipo de Pai Ele é afinal, que se delicia em assistir nossa privação e a morrermos de fome?".

Se você vê o jejum como uma punição ou sofrimento, então não está entendendo nada. O jejum é um princípio glorioso de Deus que permite a alma desesperada encontrar um caminho palpável para expressar o grande anseio do seu coração. Alguns de vocês nunca jejuaram simplesmente por não terem estado suficientemente desesperados.

5. Um coração quebrantado

Não conheço uma forma mais agressiva de buscar a Deus do que o jejum. É uma das maneiras do Reino sofrer violência. Alguns dizem: "Vou jejuar se Deus me disser para fazê-lo". E aí você nunca jejua. O jejum não é algo que se faz apenas por obediência, é algo que se faz por que se está desesperadamente faminto por Deus. Quando seu corpo clama por comida, sua alma clama ainda mais alto: "Senhor, meu desejo por comida não é nada comparado ao meu desejo por Ti".

O jejum é uma expressão de tristeza (Joel 2.12; Daniel 10.2-3; etc.). "Bem-aventurados os que choram, porque eles serão consolados". Quando você está chorando por sua condição espiritual, jejue. "Senti vossas misérias, lamentai e chorai; converta-se vosso riso em pranto, e vossa alegria, em tristeza. Humilhai-vos perante o Senhor, e Ele vos exaltará" (Tiago 4.9-10). O jejum é uma das coisas mais humilhantes e de maior esvaziamento pessoal que você pode fazer. E sabemos que Deus prometeu graça aqueles que humilhassem a si mesmos (Tiago 4.6).

Alimento Verdadeiro

Eu nunca havia jejuado por tanto tempo antes, contudo decidi jejuar durante minhas três semanas de retiro. Isto não tornou apenas o meu retiro mais significativo, mas também me deu uma nova ideia da dinâmica e dos benefícios contidos no jejum. Veja bem, não jejuei completamente, eu tinha uma refeição todo dia: a Ceia do Senhor. Quando pegava o pão toda manhã, meu estômago roncava desejando por um café da manhã completo. Eu dizia, "Senhor, Tu és o meu alimento". Não posso descrever o que acontece dentro de você quando diz à Deus com toda a sua alma: "O meu alimento necessário não é a minha comida. O meu alimento é fazer a vontade de Deus. Tu és o meu alimento, ó Senhor".

É em um jejum prolongado que estas palavras de Jesus ganham vida: "Nem só de pão viverá o homem, mas de toda palavra que sai da boca de Deus" (Mateus 4.4). O jejum vai abrir seu apetite pela comida celestial.

Vença os Obstáculos

O desejo por comida é um dos mais básicos de todos os desejos. Em primeiro lugar, foi o alimento que deixou este planeta na confusão atual. (Adão e Eva renderam-se ao desejo de seus estômagos e comeram o que era proibido). Quando jejuamos, estamos deliberadamente escolhendo resistir ao próprio apetite que produziu o pecado em nós desde o princípio. Nosso exemplo é o último Adão, que diante da tentação de transformar pedras em pão, negou seu estômago.

É do ventre que nascem todos os apetites, ou a luxúria, ou os desejos. E quando você está lutando uma batalha contra os desejos carnais que o jejum é uma arma muito poderosa. Se você conseguir negar seu ventre, você é capaz de negar praticamente qualquer outro apetite. Para o leitor que tem uma batalha contínua em alguma área de pecado habitual, deixe-me perguntar: você ainda não avaliou por si mesmo a arma do jejum? O jejum era usado por Jesus para vencer a tentação do adversário (ver Mateus 4.1-11).

Ganhe Perspectiva

Durante minhas três semanas de jejum, comecei a ganhar uma nova perspectiva. Essa nova perspectiva é prometida àqueles que esperam n'Ele – "subirão com asas como águias" (Isaías 40.31). Mas, esta não era a perspectiva que eu estava buscando. Eu estava pedindo a Deus entendimento a respeito dos Seus propósitos em minha vida, e para onde Ele estava me guiando.

5. Um coração quebrantado

Ao invés disso, Ele me deu uma perspectiva do mundanismo do meu estilo de vida. Comecei a ver o meu próprio mundanismo e o da igreja também.

Muito do que o Senhor falou comigo a esse respeito concentrava-se em uma pequena frase do evangelho: "...renuncie-se a si mesmo...". Esta frase se encontra em Mateus 16.24: "Então disse Jesus aos seus discípulos: Se alguém quiser vir após mim, renuncie-se a si mesmo, tome sobre si sua cruz e siga-me". Temos ouvido muito sobre tomar a cruz e sobre seguir a Jesus, mas ouvimos relativamente pouco sobre negarmos a nós mesmos.

Até que negue-se a si mesmo, você nunca verá o mundo como ele é. Porque o mundo não nega a si mesmo. A pessoa mundana age desse jeito: "Se eu quero isso, e posso pagar por isso, então vou ter isso". Porém, para ser um discípulo de Jesus você precisa negar a si mesmo.

Negue o seu ventre. A não ser, é claro, que ele governe sua vida. "Porque muitos há, dos quais muitas vezes vos disse, e agora também digo, chorando, que são inimigos da cruz de Cristo. O destino deles é a perdição, o deus deles é o ventre e a glória deles baseia-se no que é vergonhoso; eles ó pensam nas coisas terrenas. Mas nossa cidade está nos céus" (Filipenses 3.18-20).

E se há uma coisa que o mundo não nega a si mesmo, é o estômago. Somos uma "sociedade restaurante". Dirija pelo "boulevard gastronômico" e veja quantos lugares para comer: McDonalds, Burguer King, Pizza Hut, Taco Bell, SubWay, e a lista só cresce. Comida, comida, comida. Comer, comer, comer. Ventre, ventre, ventre. Relaxe. Aproveite. O único problema são as palavras de Jesus: "Se alguém quiser vir após mim, renuncie-se a si mesmo, tome sobre si sua cruz e siga-me".

Seus pequenos luxos e complacências não são necessariamente pecaminosos, mas mantém o coração muito perto do ventre e você não consegue manter a perspectiva no Reino de Deus.

A renúncia própria leva seu coração para longe do seu estômago, capacitando você a manter novamente o foco no Reino. Não jejuamos para impressionar a Deus ou para mover o agir de Deus. Jejuamos com o propósito de ganhar percepção espiritual mais clara.

Simplesmente Faça

Existem diferentes tipos de jejum. Alguns jejuam de apenas uma refeição por dia, ou o dia todo. Alguns bebem apenas água, outros bebem sucos. A Bíblia registra jejuns que duraram um dia, três dias, sete dias, vinte e um dias e quarenta dias.

Os cristãos norte-americanos têm criado os métodos mais engenhosos para dimuir o incômodo do jejum. Acreditamos que estamos sendo espirituais quando jejuamos, deixando de assistir TV por uma semana. Ou fazemos jejum de chocolate. "Estou fazendo jejum do lanche entre as refeições". Impressionante.

Deixe-me colocar um desafio diante de você. Quero que você considere um jejum de mais de um dia. A não ser que você tenha alguma restrição por causa da saúde, separe um número de dias para jejuar e orar, e beba apenas água. Todos nós dizemos que queremos ser como Jesus, mas quando olhamos para seu exemplo de jejuar por quarenta dias, a maioria de nós nem mesmo pensa que aquela parte de sua vida tem qualquer aplicação para nós.

Tome uma decisão, pegue seu calendário e marque isso nele. Faça isso quando puder santificar a si mesmo completamente e buscar ao Senhor. Tire uma folga do trabalho. Fique longe das distrações sociais. Eu acredito que todo crente deve experimentar, pelo menos uma vez, o deleite de um jejum de uma semana dessa forma. Se você tiver problemas de saúde (diabetes, por exemplo), consulte seu médico e coma somente

5. Um coração quebrantado

o que for absolutamente necessário; use pouco tempero e faça algo que envolva o mínimo de preparo possível. Se você obedecer esta palavra, meu caro santo, nunca se arrependerá disso.

Pano Velho

Aqui está a conclusão de tudo isto: o jejum é usado por Deus para quebrantar os nossos corações. E queremos nossos corações quebrantados, vocês se lembram? O jejum quebranta nosso coração e sensibiliza o nosso ouvido.

"Como o jejum pode quebrantar o nosso ouvido?". A resposta para isso se encontra nas palavras de Jesus.

"Dias virão, porém, em que o noivo lhes será tirado, e então, naqueles dias, jejuarão. Disse-lhes também uma parábola: Ninguém toma um pedaço de roupa nova para coser em uma roupa velha, pois rasgará a nova, e o remendo novo não se ajustará à roupa velha. Ninguém põe vinho novo em odres velhos, pois o vinho novo romperá os odres; e se entornará o vinho, e os odres se estragarão; mas o vinho novo deve ser posto em odres novos, e ambos juntamente se conservarão. Ninguém, havendo bebido o vinho velho, quer o novo, porque diz: O velho é melhor" (Lucas 5.35-39).

Estas parábolas do remendo velho e dos odres velhos não foram explicadas por Jesus e, consequentemente, muitas interpretações têm sido oferecidas. Mas a chave para o entendimento destas parábolas se dá pela ligação delas aos versículos anteriores. Jesus está falando sobre o jejum, e quando ele chega ao versículo 36, Ele continua abordando o tema do jejum.

Jesus usa duas metáforas nesta passagem para ilustrar o que o jejum realiza em nós. Antes de tudo, Ele fala sobre um remendo novo sendo costurado em um pano velho. Jesus deu duas razões para se evitar fazer isso: 1) Quando o pedaço de tecido novo começar a encolher com a lavagem, ele irá rasgar o pano velho porque é mais forte; 2) Não é uma combinação precisa, mesmo que em algum momento a estampa fosse idêntica, pois o pano velho está desbotado pelo tempo e o uso.

Deixe-me explicar o simbolismo desta parábola. O pano velho representa você; o remendo novo representa o que Deus quer fazer em você. Jesus está dizendo que a única maneira de que nós, panos velhos podemos aceitar o novo que Deus quer fazer entre nós é criando novos "eus", sendo restaurados à nossa condição original.

"E o que tudo isso tem a ver com jejuar?" O jejum (e a oração) é um meio que Deus usa para pegar um cristão velho e desbotado, revitalizá-lo e restaurar seu primeiro amor. Visto que nos tornamos novos através do jejum, o remendo novo que Deus quer fazer pode ser costurado em nossas vidas.

Um Odre Velho

Jesus volta ao mesmo ponto novamente. Desta vez usando a analogia de um odre de vinho. Um odre é feito de couro de um animal (um cabrito, por exemplo). Ele é costurado no formato de bolsa e então é usado para processar o vinho.

Quando o vinho novo é colocado em um odre novo, as enzimas e as reações químicas que causam o envelhecimento do vinho começam a agir. As mudanças que ocorrem com o vinho são consideráveis e exigem que o odre se dobre e se expanda em conformidade. Contudo, chega o tempo em que o vinho está adequadamente envelhecido e a mudança para. A esta altura, o odre irá endurecer com determinada forma e tamanho.

Se você tentar colocar o vinho novo no odre velho, o odre velho e endurecido não será capaz de se dobrar e expandir com todas as mudanças; e ao invés de se dilatar vai romper-se. Assim, o odre velho e o vinho novo estarão ambos arruinados.

5. Um coração quebrantado

Este é o simbolismo: o vinho novo representa a nova verdade do Espírito Santo, e odre velho representa a Igreja com sua estrutura atual, sistemas, modos de operação e formas de pensamento. O sistema da Igreja atual não pode lidar com o vinho novo do Espírito Santo. A dilatação é simplesmente demais.

Isto explica por que os avivamentos têm dividido igrejas e têm, literalmente, dividido denominações. Se o odre não está preparado, ele não será capaz de lidar com o novo mover do Espírito.

O meu coração clama, "Senhor eu sei que sou duro de coração. Sei que resisto ao Senhor. Mas não quero perder o que o Senhor está fazendo na terra neste momento. O que posso fazer para quebrantar o meu coração?" O que o Senhor respondeu está nestas parábolas – através do jejum. O jejum e a oração quebrantam o coração.

A sua carne vai resistir a esta mensagem. Note que Jesus continuou a falar no versículo 39 que os odres velhos sempre preferem o vinho velho. Eles não são apenas incapazes de receber o vinho novo, eles nem ao menos estão interessados nisso. Mas existem aqueles a quem Deus tem dado a sede por vinho novo. Entre e fique frente a frente. Busque desesperadamente por Ele em jejum e oração, e Ele derramará um pouco do vinho novo dentro de você.

O Jejum e a Guerra Espiritual

Antes de passar para a segunda coisa que quebranta o nosso coração, quero tocar brevemente em um assunto relacionado ao jejum, que me perturba muito. É a respeito da decisão de muitos tradutores contemporâneos em relegar o ensinamento central de Jesus sobre o jejum às margens das páginas e notas de rodapé. Em Mateus 17.21, Jesus instruiu os Seus discípulos a respeito de poderosos ingredientes para obter a vitória sobre forças demoníacas – jejum e oração. Mas por questões textuais, a versão NVI omite este versículo inteiro e faz uma nota de rodapé no final da página; a RSV[4] faz a mesma coisa; a NAS[5] também omite o versículo e acrescenta uma nota na margem. (Mencionei estas versões apenas por que elas estão entre as mais populares, mas algumas outras fazem a mesma coisa).

Em paralelo com o verso de Marcos 9.29, estas traduções vão dizer que os demônios só saem através da oração, mas as palavras "e jejum" são novamente omitidas, e confinadas às margens e notas de rodapé. Em outras palavras: se você usar uma dessas traduções e não estiver propenso a ler as margens e as notas de rodapé, nunca encontrará a mensagem que "a oração e o jejum" desempenham um papel crucial em exercer autoridade sobre as forças demoníacas. E mesmo que você leia as notas de rodapé, deixe-me fazer um pergunta sincera: Afinal, quem realmente dá muito crédito às notas de rodapé?

Um princípio fundamental do reino tem sido atribuído a notas na Bíblia. Agora, quem você pensa que talvez seja a inspiração por trás dessa camuflagem de tal ensinamento poderoso do nosso Senhor na guerra espiritual?

Eu troquei a versão das Bíblias de 6banco de nossa igreja para a versão Nova King James, e agora prego usando esta tradução. Quero que meu rebanho encontre estas palavras de Cristo quando eles lerem a Bíblia.

Você pode argumentar que aquelas traduções têm uma base textual viável para omitir certas palavras e versos, e que a minha crítica pode soar para alguns como ingênua e mal informada ou com ideias limitadas. Mas se você conheceu o som da voz de

---

4   N.T: RSV: Revised Standard Version
5   N.T: NSA: New American Standard
6   N.T: Nos Estados Unidos é costume deixar exemplares da Bíblia nos bancos para uso dos participantes dos cultos.

5. Um coração quebrantado

Jesus, quando ler a Sua diretiva para "orar e jejuar", também a reconhecerá como as verdadeiras palavras de Jesus.

O Martelo

Existe mais uma coisa que quebranta o coração: é a palavra de Deus. "Não é minha palavra como o fogo, diz o Senhor, e como um martelo que esmiúça a penha?" (Jeremias 23.29). A palavra de Deus é comparada a um martelo que pode quebrar uma pedra em pedaços. O martelo da palavra de Deus, quando aplicado nas áreas de rocha dura do meu coração, pode me trazer a um lugar de quebrantamento e contrição diante d'Ele.

À medida que gastava tempo nas palavras de Jesus, era como se o Senhor me agarrasse com Sua tenaz, me colocasse no fogo; retirasse-me e destruísse-me em cima de Sua bigorna. E então começasse a me endireitar com o martelo da sua palavra. Deus estava colocando em ordem algumas das minhas ideias distorcidas e equivocadas.

Comecei a ver Jesus de uma nova maneira. O Jesus que eu estava vendo era tão cativante que eu perguntei: "Por onde eu andei, Senhor? Por que nunca vi o Senhor desse jeito antes?".

Uma das coisas que Deus martelou direto sobre a minha vida foi à ênfase de minhas pregações das Epístolas e detrimento dos evangelhos. O Senhor me ajudou a perceber que a maioria dos meus sermões era baseada nas Epístolas, e que na verdade, eu tinha negligenciado em um nível significativo a mensagem dos Evangelhos em meu ministério de pregação. Eu perguntei ao Senhor: "Como isto aconteceu?", e Ele revelou algumas ideias erradas nas quais eu acreditava a respeito do próprio Jesus. Esses equívocos tinham por sua vez, me feito analisar um pouco rápido demais os Evangelhos em minha leitura e estudo. Deixe que eu resuma rapidamente os dois maiores equívocos nos quais acreditava a respeito de Jesus Cristo.

Super Exagero

Eu tinha assumido a ideia de que Jesus usava a hipérbole como uma ferramenta de ensino. Hipérbole é uma forma de exagero e de superestimar a situação a fim de explicar alguma coisa. "Eu já falei um milhão de vezes..." – é uma forma de hipérbole. Na literatura, isto é uma forma de arte totalmente válida e aceitável. Não é considerada uma mentira quando fica entendido que a pessoa está exagerando propositalmente para dar ênfase. Contudo, com a ajuda do Espírito Santo percebi que até certo ponto, eu havia evitado os ensinamentos de Jesus porque cresci tentando entender o que era, e o que não era exagero.

Para mim, algumas afirmações de Jesus pareciam ser exageradas a fim dar destaque. Declarações como as que se seguem me fizeram achar que Jesus usava hipérbole: "Porque é mais fácil passar um camelo pelo fundo de uma agulha do que entrar um rico no reino de Deus" (Lucas 18.25)[7]; "Se alguém vier a mim, e não aborrecer a pai e mãe, a mulher e filhos, a irmãos e irmãs, e ainda também a própria vida, não pode ser meu discípulo" (Lucas 14.26). Aborrecer o pai e a mãe? Claro que não. Isso, certamente é um exagero. Era tentador ensinar assim: "O que Jesus estava tentando dizer aqui era...". Como se eu pudesse fazer um trabalho melhor do que Jesus em dizer o que estava em Sua própria mente. Ouça, meu amigo, Jesus não tentou dizer alguma coisa. Ele simplesmente disse! Ele tinha inteligência para dizer exatamente o que pretendia, e pretendia falar exatamente o que queria dizer. Preciso estabelecer claramente em minha cabeça que: Jesus nunca usou a hipérbole. Na verdade, Jesus fez várias vezes afirmações enfáticas como estas: "Em verdade te digo...", "Em verdade, em verdade vos digo..".

---

7   N.T.: Versão Revisada da Tradução de João Ferreira de Almeida, de acordo com os Melhores Textos em Hebraico e Grego (9ª impressão – 1993).

5. Um coração quebrantado

Jesus fez Seu máximo para tentar se conectar com seus ouvintes, "Não estou exagerando de modo algum. Não sei como tornar isto mais claro. Eu estou dizendo exatamente do jeito que isso é!". Jesus foi direto ao ponto.

Graça Incompleta

Esta é outra concepção errada que eu tinha sobre Jesus: que o Senhor martelou diretamente em minha mente através do martelo da sua palavra. Eu tinha a ideia de que Jesus não ensinava na plenitude da graça durante Seu ministério terreno porque o Calvário ainda não tinha acontecido. Não me lembro de ter lido esta ideia em um livro ou dela ter sido ensinada no Bible College[8]. Nunca ensinei isso do púlpito. De fato, se você tivesse me acusado de pensar nisso, eu teria negado. Todavia, o Espírito Santo revelou-me que na verdade era uma mentalidade subconsciente que me levou a desconsiderar a vida e a mensagem de Jesus.

Acredito que eu tinha essa mentalidade por que alguns dos ensinamentos de Jesus pareciam muito duros para mim – parecia mais lei, do que graça. Eu imaginava Jesus entre os dois Testamentos, como se tivesse um pé na Antiga Aliança e o outro na Nova Aliança. Eu imaginava Jesus pensando: "Ah, quem me dera poder contar a vocês mais sobre a plenitude da graça, mas vocês ainda não entenderiam por que não sabem nada sobre o que eu vou fazer no Calvário".

Deus me corrigiu com um rápido lembrete de que Jesus veio "cheio de graça e de verdade" (João 1.14). Precisamos ter isso estabelecido com muita clareza em nosso coração: que cada palavra e cada ensinamento de Jesus eram a expressão completa da graça de Deus ao homem.

---

8   N.T.: O correspondente a um Seminário Teológico.

Nosso problema é que complicamos o conceito de graça. Temos definido graça como "a tolerância de Deus que nos permite viver com um pé na igreja e outro no mundo". Isso não é graça, é tolice. Tal pessoa não é nem fria e nem quente, e Jesus disse: "Vou vomitá-la da Minha boca" (Apocalipse 3.16).

A Graça é a bondade de Deus para com a humanidade, evidenciada por enviar Seu filho Jesus para morrer por nós e nos redimir para Ele mesmo, para que pudéssemos ser retirados da imundície deste mundo e viver na glória de Sua justiça. Deus proíbe que usemos Sua graça a fim de retornarmos para imundície da qual já fomos redimidos.

O Evangelho Pleno

Sim, Jesus veio cheio de graça. Ele pregou o evangelho pleno. Eu costumava pensar que a era do evangelho foi inaugurada oficialmente no Dia de Pentecostes (Atos 2), e, portanto, a mensagem completa do evangelho não podia ser achada até o Livro de Atos e as Epístolas. Mas o Senhor me mostrou de forma diferente em Lucas 16.16: "A lei e os profetas duraram até João; desde então, é anunciado o reino de Deus". Jesus declarou que a era do evangelho começou com João Batista. É por essa razão que ele era um profeta tão poderoso, embora "mas aquele que é o menor no reino dos céus é maior do que ele João (Mateus 11.11).

O Senhor martelava essa verdade no meu coração: Jesus ensinou o evangelho pleno! O evangelho está nos Evangelhos.

Eu relatei detalhadamente como o Senhor havia me corrigido através da sua palavra, por que quero encorajar você a gastar tempo com a palavra de Deus. Sua palavra irá quebrantar o seu coração e corrigir seus equívocos. Ele vai reorientar você, como fez comigo, para uma atenção renovada com a face de Jesus.

Capítulo 6

Frente a Frente com a TV

Este capítulo é a respeito da TV, e você já sabe o que vem por aí. Alguns de vocês estão tão entusiasmados que provavelmente vão primeiro, direto, a este capítulo. Outros não querem nem ler outro artigo que arrasa com a televisão. Mas não deixe o livro de lado agora, pois, afinal de contas, o que mais há para fazer? Assistir TV?

A Porta Estreita

"Porfiai por entrar pela porta estreita; porque eu vos digo que muitos procurarão entrar e não poderão" (Lucas 13.24).

Alguns de vocês que estão lendo este livro terminarão no fogo eterno do inferno. Você vai dizer: "Eu não, eu sou um cristão". Sim, você: "...muitos procurarão entrar e não poderão". Meus amigos, não me lembro de ter sido tão impactado por qualquer palavra da Bíblia por muito tempo.

Jesus está falando sobre os cristãos neste versículo. Existem muitas pessoas sentadas em nossas igrejas que querem ser cristãos, que querem desesperadamente ir para o céu. Mas Jesus disse que elas não conseguiriam. Ah, pastor, trema e chore por seu rebanho. Eles simplesmente não conseguem tirar Sodoma dos seus corações.

Imagine uma porta muito estreita. Você quer passar por ela, mas descobre que precisa virar de lado e encolher sua barriga para tentar se mover nesta abertura apertada. Consegue se ver nesta cena? Este é você tentando entrar no céu.

Agora, perceba as coisas que estão nos seus braços e você está tentando levar com você: clubes, patins, vara de pescar, rifles de caça, bicicletas ergométricas, bolas de boliche, sua TV, seu aparelho de DVD. Esta imagem parece ridícula para você? Para Deus também. Você quer entrar no céu, mas ama o mundo e as coisas do mundo.

Só existe um jeito de entrar no céu, e é se esforçando pra isso. Concentre o foco da sua dedicação e de suas energias para entrar na porta estreita.

Rejeite a curiosidade de sua carne em fazer uma visita ao inferno estando a caminho do céu. Se você decidir trapacear e der uma passada no inferno, quanto mais perto você chegar, mas difícil fica de se controlar.

Alguns de vocês vão cair de seus trenós escorregadios à medida que passam correndo pelo inferno. Você não pode ter o cheiro do inferno e ainda querer ir para o céu.

"Mas eu estou crendo na graça de Deus". A graça de Deus vai guardá-lo somente se você estiver se esforçando para entrar pela porta estreita. Faça disto sua ocupação principal. Mantenha seu olhar fixo na porta estreita e se esforce para entrar nela com todo o seu coração, com toda a sua alma e com todo o seu corpo.

Um Poema

Recebi estes versos um dia quando estava no Espírito. Isto se aplica não apenas a televisão, mas a qualquer outra distração mundana.

Você assiste TV ao invés de orar por que não tem fome e sede de justiça.
Você assiste TV ao invés de orar por que você está gordo e bem alimentado.
Você assiste TV ao invés de orar por que você gosta das melodias da Babilônia.
Você assiste TV ao invés de orar por que você tem uma religião que é só conversa e não tem nenhum poder.
Você assiste TV ao invés de orar por que você gosta de comida oferecida aos ídolos.
Você assiste TV ao invés de orar por que você não percebe que o tempo urge.
Você assiste TV ao invés de orar por que passou a justificar sua indulgência carnal.
Você assiste TV ao invés de orar por que adormece enquanto o noivo demora.
Portanto, em Minha misericórdia, diz o Senhor, Eu irei até você e lhe inquietarei e o tornarei magro, faminto e sedento.

Deixe que eu explique a linha, "Você assiste TV ao invés de orar por que você gosta de comida oferecida aos ídolos". O mundo pratica e retrata a sua idolatria na televisão. Você jamais faria as coisas que eles fazem na TV, por que não serve aos ídolos deles. Porém, quando os assiste fazendo isso, está comendo o alimento que eles oferecem aos seus ídolos.

Aplauso, Aplauso

"*Ai de vós, os que agora rides! Porque lamentareis e chorareis*" (Lucas 6.25). Vivemos em uma sociedade sorridente e louca. Ligamos a TV e ouvimos a risada. Programas de comédia. Entrevistas. Entrevistadores na madrugada. As comédias têm os maiores índices de audiência por que os americanos estão loucos para rir. Nunca na história do nosso planeta tantas pessoas atormentadas riram tanto.

Ouça o julgamento de Jesus quanto à indústria da TV: "Ai de vós, os que agora rides!". O mundo está gargalhando quando deveria estar lamentando. Cristão mundano, por que você ri desse jeito?

"Bem-aventurados sois vós, que agora chorais, porque haveis de rir" (Lucas 6.21). Ah, as bênçãos do Senhor estão sobre aqueles que choram. Vou lhe dizer pelo que chorar: chore pelas coisas que você não pode mudar. Você vai chorar por causa do seu mundanismo? Você vai chorar pela dureza do seu coração? Vai lamentar a perdição de todos ao seu redor? Jesus está dizendo: "Se você está magoado, chore; se está infeliz com sua vida, lamente; se está insatisfeito com sua vida, fique triste". Você se posiciona para a benção.

Não confunda lamentação com morbidez, como se isso fosse uma nuvem negra opressiva. Lamentar não é depressão; lamentar é um dom de Deus que permite nossa alma expressar seus anseios em tempos de angústia.

Mas não gostamos de chorar. Queremos nos alegrar. O meu medo é que tenhamos equipado o corpo de Cristo para dançar e celebrar, contudo não temos equipado a igreja para chorar. Os Salmos são canções cheias de lamentos e nossos repertórios estão obviamente desprovidos deles. Julgamos aqueles que lamentam como se eles estivessem fazendo alguma coisa errada. Se Deus lhe mostrar a real condição em que a Igreja de Laodiceia se encontra hoje, você lamentará!

Os Escândalos

> *"JESUS disse aos discípulos: É impossível que não venham escândalos, mas ai daquele por quem vierem! Melhor lhe fora que lhe atassem ao pescoço uma mó de atafona e fosse lançado ao mar do que fazer tropeçar um destes pequenos"* (Lucas 17.1-12).

Nossa indústria do entretenimento está sob uma maldição do Deus Todo Poderoso. Jesus lançou uma maldição sobre aqueles que são responsáveis por fazer um dos seus pequeninos tropeçarem, e muitas crianças têm sido contaminadas e preparadas para o inferno através da nossa indústria de entretenimento! Vídeos estão introduzindo as crianças na pornografia e as atirando em um estilo de vida promíscuo cada vez mais precocemente. A MTV está inculcando a rebelião. Ore pelos atores e pelos cineastas, por que eles receberão a maior das condenações. Ore pelos pais que permitem alguns canais de TV dentro de suas casas, que pervertem a si mesmos e aos seus filhos.

Orem por si próprios e estejam atentos. Vocês têm afeição pelo mundo em sua carne, e anseiam para sentar e observar o fruto da corrupção. Meus irmãos e minhas irmãs, precisamos assistir TV e alugar filmes sob o temor de Deus! Pois muitas vezes, mesmo quando não há linguagem vulgar, nem sexo e nem violência; ainda assim existe um mundo imoral e egoísta em exposição. Uma noite que poderia ser gasta ouvindo as palavras de Jesus é destruída e desperdiçada. Você é honesto quando diz que deseja ouvir as palavras de Jesus? "... Às honras, vida mundanal desprezo eterno votarei[9]".

---

9   N.T: Hino tradicional. Letra de Isaac Watts / Música:Edward Miller (n° 90 do Cantor Cristão)

Ganhar Perspectiva

Nem todos os programas de TV contaminam. Não estou dizendo que um cristão assistir TV é algo pecaminoso, sem exceção. Tivemos televisão em casa na maior parte do tempo de casados, contudo atualmente vendemos a TV e o aparelho de DVD a fim de ganharmos alguma perspectiva espiritual. Temos trabalhado para controlar nosso tempo assistindo televisão, embora tenhamos falhado muitas vezes. Mas, existe algo em risco, aqui, que é muito mais importante do que o potencial para impureza, ou seja – as oportunidades perdidas de ter comunhão com o Pai.

Chegamos em casa vindos da rua e nos sentimos cansados e contaminados pelo mundo. Então, o que fazemos? Desmoronamos em frente à televisão! É como pular do chiqueiro e cair no monte de estrume. Esbanjamos o tempo que poderia ser gasto sendo purificados na água da palavra, sendo renovados no Espírito, ouvindo Sua voz e dando e recebendo amor.

"Se estiverdes em mim, e minhas palavras estiverem em vós, pedireis tudo o que quiserdes, e vos será feito" (João 15.7). Visto que você habita no mundo, não pode ouvir as palavras de Deus.

"... e aquele que me ama será amado de meu Pai, e eu o amarei e me manifestarei a ele" (João 14.21). Não é isso que você quer? Que Jesus se manifeste a você? Então, desligue a TV, e abra a Sua palavra.

E tenho que dizer uma coisa sobre os comerciais. Os tentáculos da Besta estendem-se dos comerciais para entrelaçar você. Eles apelam eternamente para a cobiça do seu coração. Os comerciais alimentam a sua ganância. A cobiça deles produz dinheiro através da sua cobiça.

João Batista

João Batista era um cara estranho. Ele não fazia coisas que as pessoas normais fazem. "João andava vestido de pelos de camelo e com um cinto de couro em redor de seus lombos; alimentava-se de gafanhotos e mel silvestre" (Marcos 1.6).

Existem materiais mais macios do que pelo de camelo. Por que não usar lã, João? O que há de errado com o algodão?

E há comidas mais agradáveis e mais saudáveis do que gafanhotos e mel silvestre. Você consegue imaginar alguém tentando convidar João Batista para uma refeição?

"João, por favor venha jantar conosco".

"O que vai ser o jantar?".

"Pão e peixe".

"Não, eu não posso ir".

"Por que não?"

"Eu não como peixe".

"Você não come peixe? Por que não, João? O que há de errado com peixe?"

"Não tem nada de errado com peixe".

"Bom, será que você está com medo de ofender alguém se comer peixe? Porque você não come peixe?"

"Eu simplesmente não como peixe".

Pessoal, isso é esquisito. Até mesmo excêntrico. Não há nada errado em comer peixe. Não há controvérsia em relação a comer peixe, mas João iria comer peixe.

João Batista comia e se vestia daquela forma por que ele sabia que, a fim de ter percepção espiritual, uma pessoa tem que se distanciar de uma alimentação suntuosa e das amenidades diárias da vida cotidiana. Ele compreendeu que era necessário negar-se a si mesmo se quisesse ter uma clara visão do Reino. Foi por causa desta separação do mundo que um dia, ele foi capaz de ter a clareza profética para apontar e dizer: "Eis o Cordeiro de Deus que tira os pecados do mundo!".

Este tipo de superioridade profética não aconteceu pura e simplesmente. Ela veio com uma etiqueta de preço que poucos estão dispostos a pagar. "Então disse Jesus aos seus discípulos: Se alguém quiser vir após mim, renuncie-se a si mesmo, tome sobre si sua cruz e siga-me; porque aquele que quiser salvar sua vida, a perderá, e quem perder sua vida por amor de mim, a achará" (Mateus 16.24-25).

Vigie!

Muitas vezes, Jesus advertiu urgentemente Seus discípulos a manterem uma postura de vigilância. "Vigiai, pois, porque não sabeis o dia nem a hora em que o Filho do homem virá" (Mateus 25.13). Jesus proferiu aquelas palavras depois de falar sobre as virgens que caíram no sono enquanto esperavam o noivo. "Tende cuidado! Vigiai e orai! Porque não sabeis quando chegará o tempo" (Marcos 13.33). "As coisas que vos digo, digo-as a todos: Vigiai." (Marcos 13.37). Temos uma geração de cristãos preparados, treinados para a colheita, e que estão adormecidos em frente à TV.

Desligue a TV, deixe os clubes de lado e desperte. Cancele a TV a cabo. Venda sua televisão e dê o dinheiro aos pobres (Lucas 12.33). O retorno do nosso noivo está muito próximo. "Estejam cingidos vossos lombos, e acesas vossas candeias!" (Lucas 12.25).

Não fique frente a frente com a televisão. Fique frente a frente com Cristo.

Capítulo 7

Olhe Outra Vez para Jesus

A nossa fé e a nossa adoração concentram-se em Jesus Cristo. E ainda que muitos de nós adoremos a Jesus, não o conhecemos muito bem. É muito fácil formular conceitos errados sobre quem é Jesus, e por isso adoramos a um Jesus que nós mesmos criamos. O Pai está chamando a Igreja nesta hora não apenas para ter um *foco* renovado em Jesus na adoração, mas também para ter um *conhecimento* preciso de Jesus na adoração.

À medida que me entreguei fervorosamente ao estudo de Jesus nos Evangelhos, comecei a ver Jesus de outra maneira. Era como se eu estivesse vendo Jesus pela primeira vez. O Jesus que eu agora via estava desintegrando a imagem idealizada que eu tinha construído em minha mente de quem eu pensava que Ele era.

É uma mentira fechar os olhos, pensar em quem você gostaria que Jesus fosse, e então decidir que teve uma revelação. Só existe uma forma de saber quem Jesus realmente é, que é olhando para a Sua revelação a nós através das Sagradas Escrituras. A nós foi dado um veículo pelo qual agora olhamos frente a frente para Ele, que é por meio da Sua palavra.

Quem é o seu Cristo?

Na comunidade religiosa de hoje não é mais o suficiente ser "cristocêntrico". Temos que fazer uma pergunta que vai mais além: a qual Cristo você serve?

Uma doença fatal tem infectado a igreja americana, que é conhecida comumente como "liberalismo". Os pensadores liberais deste século não têm apenas alargado os limites do Cristianismo, eles têm, na verdade, caminhado fora da nossa fé.

É infinitamente importante o que você crê a respeito de Jesus Cristo. O Senhor gravou esta verdade muito claramente em meu coração: toda vez que você modifica, nega ou faz concessões sobre a verdade fundamental da pessoa de Cristo, você tem uma nova religião. Sua divindade, Sua coexistência eterna com o Pai, Seu nascimento virginal, a vida sem pecado, a morte expiatória pelos pecados da humanidade; Sua morte, o sepultamento, a ressurreição e ascensão; Seu julgamento de todo homem, trazendo glória para aqueles que Ele conhece, e condenando ao julgamento eterno aqueles que o rejeitaram como o único filho de Deus – todas estas estão entre as doutrinas fundamentais de *quem* Cristo é. E se você não conhece a Cristo, você não tem a Deus e está enganado: um líder cego, guiando outros cegos. Você receberá a maior de todas as condenações.

O livro de 2João.9 declara: "Todo que prevarica e não persevera na doutrina de Cristo, não tem Deus. Quem persevera na doutrina de Cristo, esse tem tanto o Pai quanto o Filho". Podemos concordar e discordar em certas doutrinas não essenciais, e podemos até aceitar crentes que mantenham diferentes pontos de vista acerca das obras do Espírito Santo no mundo de hoje. Mas não podemos concordar ou discordar quando for a respeito da doutrina de Cristo. A doutrina de Cristo não é discutível. Invente uma nova doutrina de Cristo e você terá outro Cristo. Temos que adorar ao Pai em Espírito e em *verdade*.

A Singularidade de Cristo

Eu convido você a vir comigo e olhar outra vez para Jesus. Gostaria que você caminhasse comigo enquanto relato como Jesus Se revelou a mim de um jeito inteiramente novo à medida que mergulhei nos Evangelhos. Eu tenho o costume de, já há muitos anos, ler os Evangelhos duas vezes por ano, mas apenas recentemente realmente comecei a ver Jesus de maneiras que nunca havia visto antes.

Quanto mais eu via, mais eu percebia que "eu não penso como Ele, não ajo como Ele, e não falo como Ele". A cada página que virava, eu balançava a cabeça e dizia a mim mesmo: "eu não penso como Ele, não ajo como Ele, e não falo como Ele. Não sou nada parecido com Ele".

Ideias Criativas

Estou sempre falhando no teste de Filipe. Deixe que eu explique. A multidão estava com Jesus, e Ele estava prestes a alimentar os cinco mil presentes. "Então Jesus, erguendo os olhos e vendo que uma grande multidão vinha ao encontro dele, disse a Filipe: Onde compraremos pão para comerem? Ele, porém, disse isto para testá-lo, porque bem sabia o que tinha de fazer" (João 6.5-6). Jesus fez esta pergunta a Filipe para testá-lo. A resposta do teste era: "Bem, Senhor, apenas pegue alguns pães e peixes e multiplique-os com suas mãos, e vamos conseguir alimentar a todos". Quantos vocês acham que teriam passado naquele teste? Sei que eu não teria surgido com a resposta certa. Eu clamaria: "Senhor, se está me testando daquele jeito, estou falhando o tempo todo". Ao invés de saber a coisa poderosa que Jesus está querendo fazer, estou tendo constantemente pensamentos fracos, incrédulos, limitadores e terrenos.

Meus irmãos e minhas irmãs: tenho que confessar, eu tenho liderado a igreja com o meu próprio entendimento. Tenho administrado os assuntos do pastorado com muita presunção. Temos cultos de adoração preparados por homens. Temos programas inteligentes, abordagens criativas e sermões excepcionais. E perdemos a miraculosa provisão de Deus, pois não temos ideia de qual coisa maravilhosa Cristo quer fazer. Senhor, o que aconteceria se apenas uma única vez passássemos no teste de Filipe, e realmente ouvíssemos o que o Senhor tem em mente para nós?

O Empreendedor

Jesus nunca tentou lucrar com os sucessos de Seu ministério. Ele nunca tentou usar um pequeno sucesso para construir um sucesso maior.

Veja quando Ele alimentou as cinco mil pessoas, por exemplo. Agora havia alguma coisa para tirar vantagem. Se eu tivesse sido diretor de marketing de Jesus, na semana seguinte eu teria vinte mil pessoas lá fora. Imagine só como os anúncios publicitários poderiam ser lidos: "Cinco mil pessoas alimentadas com cinco pães e dois peixes!". "Veja o Mestre partir o pão! Comida grátis para todos os espectadores". "Está com fome? Venha para a reunião de avivamento!". Você pode começar uma revista com esse tipo de coisa, Jesus. Por favor, Senhor, pelo menos um lançamento para um informativo mensal.

Observe o que Jesus fez. Você pode acompanhar isto registrado no Evangelho de João. Ele usou a multiplicação dos pães como um método de ensino para trazer uma nova revelação acerca de Si mesmo, dizendo: "Eu sou o pão da vida". E Ele continuou a falar: "Se não comerdes a carne do Filho do homem e não beberdes seu sangue, não tereis vida em vós mesmos". Neste ponto, os circuitos dos judeus começaram a sobrecarregar e queimaram. Eles disseram, "Duro é este discurso; quem o pode ouvir? Desde então, muitos dos seus discípulos voltaram atrás e já não andavam com Ele" (João 6.66). Jesus pegou a alimentação dos cinco mil e usou a seu favor. Ele usou isso como um veículo para fazer muitos dos seus seguidores o deixarem. Eu disse para mim mesmo: "Não sou nada parecido com Ele".

Posso lhe dizer como Deus condenou minha personalidade nesta área. Recentemente, fiz outra impressão do meu livro, O Coração do Louvor e da Adoração, e tive uma ideia. Me ocorreu fazer uma leve mudança – colocar uma pequena frase na capa: "Mais de 50.000 exemplares vendidos!" Poderia impressionar alguém. Poderia até mesmo angariar mais vendas. Então o Espírito Santo revelou o orgulho e a cobiça do meu coração, e como minhas motivações não eram em nada semelhantes as de Cristo.

Desta e de outras maneiras, Deus tem lidado firmemente comigo em relação a minha tendência carnal para autopromoção. O Senhor tem exigido que eu rejeite algumas das melhores ofertas ministeriais, em parte por que sei que eles colocariam minha foto em sua revista de anúncios.

Trabalhar a Multidão

Jesus agia totalmente independente das pessoas. O que Ele fazia ou não fazia, não tinha nada a ver com aqueles que estavam a Sua volta. Tudo o que Ele fazia era por ser aquilo que o Pai dizia a Ele para fazer.

Isto é lindamente ilustrado no relato da entrada triunfal de Jesus em Jerusalém montado no jumentinho. Por três anos Jesus tinha dito aos Seus seguidores: "Não conte a ninguém! Guarde para você! Não diga a eles quem eu sou ou o que eu fiz". Agora, finalmente, o Pai lhe dá sinal verde. "Vá em frente, Jesus! Está na hora. Deixe que eles o exaltem".

Com as crianças à frente do caminho, eles começaram a atirar seus ramos e seus mantos diante de Jesus e clamar: "Hosana! Bendito o que vem em nome do Senhor". Se eu estivesse no lugar Jesus, acho que eu teria sido tentado a observar a multidão em volta com um olhar satisfeito que teria comunicado, "Está certo, pessoal, vão em frente. Este é o seu momento de louvor. Esta é à hora, ergam suas vozes. Vocês acertaram, este é exatamente quem eu sou. Vamos fazer disso uma festa de louvor para estar nos livros dos recordes.

Mas veja o que Jesus está fazendo. Enquanto eles o estavam exaltando, Ele estava chorando! (ver Lucas 19.41). O que você disse? Chorando? O que é isso, Jesus, você está acabando com este encontro!

Quero que você note que Jesus nunca foi tomado pela euforia da multidão. Ele não foi afetado pela energia das massas. Ele agia totalmente independente das pessoas.

Eu tenho feito basicamente o oposto. Claramente, ensinei aos líderes de adoração a sentir quando há uma centelha de entusiasmo no culto de adoração e usar isto como uma grande vantagem. "Quando virem uma 'onda' crescendo no culto, subam nesta 'coisa' o mais rápido que puderem". O problema é que temos uma geração de líderes de adoração que não sabem o que fazer quando as pessoas não reagem. E vamos nos agarrar a qualquer momento em que sintamos alguma dinâmica surgindo no culto congregacional, mesmo se sua origem não seja o Espírito Santo.

Os líderes de adoração não são chamados para liderar as pessoas na direção em que não querem ir. Eles são chamados para liderar a medida que ouvem do Pai.

Receber Glória

Uma das declarações mais simples de Jesus realmente tem me fascinado: "Eu não recebo glória da parte dos homens" (João 5.41). Ele não disse, "Eu não pedi ou eu não busquei a glória dos homens", ou até mesmo "Eu não sou influenciado pela glória dos homens". Ele disse que, "Quando ela vem, eu não a recebo".

Quando eles diziam coisas do tipo "Boas palavras, Mestre", em Seu coração Jesus estava pensando: "Eu não recebo isso".

Para usar o maior contraste possível, vamos falar sobre mim. Vou lhe dizer o que eu faço. Depois de terminar um sermão, encontro maneiras sutis de descobrir o que os outros acharam. Vou perguntar à minha esposa, "Como o pregador se saiu esta manhã?" Vou procurar pelo aceno dos anciãos da igreja em concordância. Estarei atento a quantos comentários positivos vou receber mais tarde. Tomarei nota se vendermos algum número de CDs do sermão além do normal. E depois de tentar saber como meu sermão foi recebido, vou chegar a uma conclusão quanto ao seu sucesso.

Jesus, por outro lado, não via a reação das pessoas como algum tipo de medida do sucesso do Seu ministério. Para Jesus, a única questão era: "Eu disse o que o Pai me mandou falar?". Se o Pai respondesse, "Bom trabalho, Filho. Você falou exatamente do jeito que Eu queria que você fizesse"; aí Jesus chamaria isso de sucesso.

Eu não falo em negar a necessidade da prestação de contas e da correção do verdadeiro ministro de Deus. Cada pastor e cada mestre precisam ter pessoas que lhes proporcionem avaliações construtivas e inseri-las em seus ministérios. Se a correção é necessária, eu preciso recebê-la. Mas preciso ser cuidadoso para que eu não receba e não me alimente dos louvores e dos elogios dos homens.

Se eu não recebo a honra dos homens, então eis a parte libertadora: Eu também não recebo a desonra. Isto é o que deu a Jesus Sua incrível liberdade na presença de Seus críticos.

Frequentemente, tenho ficado maravilhado em como Jesus lidava com as situações de confronto. Quando estava "cara a cara" com os fariseus, Ele não desistiu nenhuma única vez. Eu pensei, "Jesus, com certeza você era durão!". Mas não era por que Ele fosse difícil ou duro; simplesmente quando eles atiravam sua desonra, Jesus não a recebia. Ele também não recebia a honra.

Notoriedade

Uma das tentações mais traiçoeiras para pastores e ministros, e algo que tem buscado encontrar guarida em minha alma: é o desejo por notoriedade. Ele se esconde sob os disfarces mais religiosos: "Quero ser bem conhecido pela maneira por que minha mensagem será recebida". "É bom que as pessoas vejam a minha foto, dessa forma elas podem ter a percepção do meu espírito pela expressão do meu semblante". "Quero divulgar nosso evento naquela revista cristã para que possamos tocar mais pessoas com o poder de Jesus Cristo". "Quanto mais pessoas souberem sobre mim e sobre o meu ministério, maior será o potencial para mudarem suas vidas".

Veja isso com muita atenção: o desejo de cultivar um grande seguimento e ver seu nome se tornar famoso e conhecido, é algo totalmente inexistente na vida de Jesus. Diga comigo: "Em nome de Jesus, eu desprezo a notoriedade e a atenção dos homens".

7. Olhe Outra Vez para Jesus

Para alguns, sucesso no ministério é se você escreve um livro e está sendo convidado para falar em conferências para ministros. Você é muito estimado por líderes cristãos se está na demanda para o circuito de conferências, "... porque o que entre os homens é elevado, perante Deus é abominação" (Lucas16.15).

Jesus disse: "Quem fala de si mesmo busca sua própria glória, mas o que busca a glória daquele que o enviou, esse é verdadeiro, e não há nele injustiça" (João 7.18). Com esta afirmação o Senhor mostrou-me que cada vez em que preguei a mensagem que se originou de mim, em meu coração eu estava buscando por minha própria glória. Quantas vezes ajustei a mensagem a fim de garantir a melhor acolhida possível, para que o pastor que me convidou pudesse dizer coisas boas sobre mim e desejar que eu voltasse?

Recentemente, um bom irmão me pediu para escrever um capítulo para um livro que ele estava compilando com a contribuição de vários autores. Após orar sobre o assunto, senti um toque leve e gentil com o efeito de "não escreva isso". O Senhor não me deu uma razão, eu apenas senti que não era para escrever. Então, algumas semanas mais tarde ouvi dizer que o livro seria publicado pela JOCUM. Imediatamente um pensamento veio a minha mente: "JOCUM? Eles não têm nenhum dos meus materiais publicados". Em seguida, adivinhe o que eu fiz? Escrevi o capítulo. E o enviei. E adivinhe o que mais eu tive que fazer, depois do que o Espírito Santo fez comigo? Tive que telefonar ao irmão e dizer, "Tire o meu artigo". Eu havia escrito aquilo por que estava buscando minha própria glória.

Maravilhas e Sinais

O Senhor abriu o meu entendimento para algo que nos atrapalha a unção e o mover de um poder sobrenatural. Esse entendimento veio até mim quando eu estava meditando acerca de João 5.44: "Como podeis crer, recebendo honra uns dos outros, e não buscando a honra que vem somente de Deus?".

O Senhor falou sobre este verso dessa forma: "Como você pode crer, ser um homem de fé, e mover-se na dinâmica sobrenatural da fé, quando recebe a glória dos homens? Como posso confiar a você um dom sobrenatural – por que você sabe que as pessoas sempre fazem confusão a respeito de alguém que é usado por Deus em demonstrações de algo milagroso. Eu não posso permitir que as pessoas façam alvoroço a sua volta quando é a sua parte carnal que está recebendo a atenção delas".

Eu percebi que o mover no poder do reino exige que nos conformemos sobre essa questão. Deus dará fé somente àqueles que não desejam receber a glória dos homens, e que diligentemente busquem a glória de Deus.

Jesus e o Dinheiro

Da forma como Jesus lidava e falava sobre o dinheiro, Ele expressava somente desprezo. Na verdade, nem uma vez a Bíblia registra que Jesus manuseava uma moeda. Ele delegava a bolsa para Judas Iscariotes (embora soubesse que Judas era um ladrão). Quando queria ilustrar uma situação, Jesus tinha que dizer, "Mostre-me uma moeda", por que Ele não tinha uma consigo. Quando Pedro precisou de dinheiro para o imposto, Jesus enviou Pedro para pegar uma moeda da boca de um peixe. É quase como se Ele tomasse medidas para se prevenir de tocar aquela coisa.

Jesus descreveu o dinheiro com duas frases nada elogiosas: "... riquezas injustas," (Lucas 16.11), e "... a sedução das riquezas sufoca a palavra" (Mateus 13.22).

Se você é rico e está pensando em vir a Cristo, pense duas vezes. Jesus ainda diz as pessoas hoje em dia, "vende tudo quanto tens, reparte-o entre os pobres e terás um tesouro no céu; depois, vem e segue-me" (Lucas 18.22). Se você é rico e quer seguir a Jesus, tem que fazer como Zaqueu, e despir-se de sua riqueza.

Você não pode entrar no céu e manter todo aquele dinheiro. Jesus chamou isso de "impossível" (Lucas 18.24-27). O seu dinheiro possui as suas paixões. Não é possível ter seu coração no Reino e manter o dinheiro ao mesmo tempo (Mateus 6.24).

O Engano da Riqueza

O dinheiro é enganoso. Ele enrola seus pequenos e pegajosos tentáculos em volta do seu coração e ganha sua terna afeição. O Espírito Santo lhe ajuda a se tornar consciente disso, e então você pode fazer algo agressivo para afrouxar a pressão desses tentáculos no seu coração. Então você relaxa, por que pensa que ganhou a vitória sobre o dinheiro e o materialismo – isso significa que agora você está enganado. O engano da riqueza lhe convenceu que você derrotou a sedução do dinheiro, e você se torna cego para o seu materialismo.

Não importa há quantos anos você conheça a Cristo, é necessário que você avalie continuamente o seu relacionamento com o dinheiro. Se você tem temor a Deus, não existe nada mais saudável do que surgir uma desconfiança nas atitudes do seu coração em relação ao dinheiro.

O Espírito Santo afligiu meu coração sobre isso recentemente. As ofertas da nossa igreja haviam diminuído um pouco a certa altura, e portanto resolvi que precisávamos incluir mais exortações bíblicas e ensinamentos sobre ofertar, quando fosse o momento do ofertório. Depois de tudo, que pastor amoroso não iria querer instruir seu rebanho sobre as alegrias e os benefícios de ofertar segundo a Bíblia? Mas o Espírito Santo revelou o meu coração: eu não estava pregando a fim de alimentar e instruir o rebanho, eu estava pregando para aumentar as ofertas.

Livres do Materialismo

Como podemos purificar as nossas atitudes em relação ao dinheiro? Felizmente, Jesus nos deu uma solução muito clara, e adivinhe – não é dizimar. Se não está dizimando, você está completamente preso a cobiça e ao materialismo. Mas e o cristão dizimista que luta contra o materialismo, o que ele tem que fazer? A resposta está em Lucas 11.41, "Dai, antes, esmola do que tiverdes, e eis que tudo vos será limpo".

As esmolas são presentes para os pobres. Simplificando, Jesus estava dizendo: "dar esmolas purifica". Os fariseus estavam discutindo com Jesus, e o assunto era, "o que purifica uma pessoa?". Eles responderam: "lavar as mãos antes das refeições, purifica". E Jesus disse, "Não. Dar esmolas purifica".

Dar esmolas pode nos purificar de quê? Do materialismo e da cobiça. Toda vez que você sentir o dinheiro querendo encontrar um cantinho em seu coração, dê uma grande quantidade a um necessitado que nunca será capaz de lhe retribuir.

Quando inquiridos, você sabe o que os cristãos dos Estados Unidos dizem ser sua tentação número um? É algo que vem antes do orgulho, egocentrismo, ira, luxúria, inveja, mentira, glutonaria, etc., a principal tentação confessada pelos cristãos foi o *materialismo*.

Ouça com atenção, meu querido cristão materialista. Todo crente deve trabalhar a virtude abençoada da caridade. Temos permitido que a Previdência Social, aqui na América, nos roube essa benção. Pensamos: "eles estão sendo cuidados". E então negligenciamos o que poderia purificar-nos da intromissão do materialismo. Uma razão de a Igreja Americana estar tão sobrecarregada com o mundanismo e com o materialismo é por que não fomos ensinados corretamente sobre a caridade.

A Prioridade da Eternidade

Só há uma coisa que Jesus valorizava. Se algo era eterno, Ele colocava nisto grande importância. Se era apenas para esta vida (como dinheiro), Ele deixava de lado com desprezo indiferente.

Depois de estudar os evangelhos sem parar durante três semanas, de repente vi o que era a essência do evangelho. Eu afirmo ser um pregador do evangelho, mas minha pregação cobre tantos tópicos que às vezes a mensagem do evangelho pode parecer tornar-se complicada.

O que é o evangelho? Se você tivesse apenas dois minutos com alguém e quisesse compartilhar a essência do evangelho, o que você diria?

Em poucas palavras, o evangelho é "vida eterna". Jesus veio para nos trazer vida, vida abundante, vida eterna. Levei três semanas para voltar a João 3.16!

Jesus veio de fora do tempo para tentar nos ajudar a entender que existe infinitamente mais para viver do que estes oitenta e poucos anos que podemos esperar viver neste planeta. Todos estamos nos inclinando em direção a eternidade. O mundo está procurando auto-realização nesta vida, mas Jesus veio com a mensagem que o caminho da vida é, na verdade, o caminho da morte. "Porque qualquer que quiser salvar sua vida, a perderá; mas qualquer que, por amor de mim, perder sua vida, a salvará" (Lucas 9.24).

Amor Indiferente

Eu fui grandemente impactado com o fato de que muitas vezes Jesus dava avisos aos seus ouvintes. Uma atitude minha que foi corrigida pelas palavras de Jesus foi a postura de: "Bem, se você não está pronto para lidar com o problema nesta área agora, isso não é nada demais. O Espírito Santo vai alcançar você. Dê um tempo a Ele".

Existem alguns indivíduos em relação aos quais eu, na verdade, tive este tipo de atitude: "O Senhor os ama, e ainda que estejam vivendo em uma condição de apostasia, eu sei que o Senhor os alcançará. Eles vão reder-se ao Senhor na hora certa". Assim, eu simplesmente os deixava por conta de Deus e orava por eles. Todavia, a urgência nas palavras de Jesus tem me mostrado que não temos tempo.

Jesus disse: "Vigiai, pois, porque não sabeis o dia nem a hora em que o Filho do homem virá" (Mateus 25.13). Tudo o que Jesus disse grita essa informação: "Hoje, agora, vigie, cuidado!".

Eu tenho exortado, encorajado e ensinado, mas percebi que tenho feito poucos avisos. Pessoal, não temos tempo. *Hoje* é o dia da salvação. Temos que falar urgentemente para aqueles cujo amor cresceu indiferente. Eles estão se balançando no precipício do inferno, e nós como pastores, irmãos e irmãs carregamos a solene responsabilidade de avisá-los.

Parte 3
Expressões de Intimidade

Capítulo 8

Emoções Santas

No tempo das colônias americanas, um dia Deus revelou a Si mesmo de uma maneira poderosa para um certo rapaz de dezessete anos de idade. Deus deu a ele uma profunda revelação de um único texto bíblico, 1 Timóteo 1.17. "Ora, ao Rei dos séculos, imortal, invisível, ao único Deus seja honra e glória para todo o sempre. Amém." Este jovem escreveu em seu diário, "Veio à minha alma um sentido da glória do Ser Divino, diferente de tudo que eu jamais experimentara antes. Eu orei a Deus para que eu desfrutasse Dele e orei com um tipo de afeição totalmente nova."

Deus ativou um relacionamento íntimo com aquele jovem, usando-o de maneira singular num avivamento que varreu todas as colônias americanas – chamamos isso de "O Grande Avivamento". Talvez você já tenha adivinhado que eu estou falando de Jonathan Edwards.

Afeições Santas

Embora Jonathan Edwards seja talvez mais conhecido por seu famoso sermão, "Pecadores nas Mãos de um Deus Irado", seu ministério não era centralizado no julgamento e na ira de Deus. O tema central da pregação dele era ter um relacionamento amoroso com Deus. Jonathan Edwards é considerado por alguns como uma das mentes mais brilhantes que os Estados Unidos já produziram, e ainda assim, o foco da mensagem deste homem genial era chamar os crentes para além de um envolvimento intelectual com Deus para um deleite do coração ao contemplar a beleza de Deus.

Edwards ensinou que a essência de uma experiência espiritual genuína é ser maravilhado por um vislumbre da beleza de Deus, ser atraído para a glória de Sua perfeição e sentir Seu amor irresistível. Ele escreveu "Em todas as Escrituras Sagradas vemos a religião nas afeições, tais como medo, esperança, amor, ódio, desejo, alegria, tristeza, gratidão, compaixão e zelo". Ele também disse, "Aquele que não tem afeição religiosa está num estado de morte espiritual e está totalmente destituído das influências poderosas e vivificadoras do Espírito de Deus."10

Emocional versus Alma

Muitas pessoas estão falando hoje sobre ter "paixão" no relacionamento com Jesus. Jonathan Edwards usava a palavra "afeições". Neste capítulo, eu gostaria de usar a palavra "emoções". Deus deseja ter um relacionamento *emocional* com Seu povo.

Eu compreendo que você possa ter dificuldade com o uso desta palavra. Paixão, sim; afeições, sim; mas emoções? Eu já ouvi muitos comentários absurdos sobre nossas emoções. "Não sejamos levados por nossas emoções.""Não queremos nenhuma resposta emocional aqui, queremos a realidade". Você esqueceu o texto bíblico que diz, "Bendize, ó minha alma, ao Senhor, e tudo o que há em mim bendiga o seu santo nome" (Sl 103.1)?

"O seu estilo de louvor é apenas emocionalismo", eles reclamam. O verdadeiro louvor não é emocionalismo, mas é emo-

---

10 N.T. – EDWARDS, JONATHAN. *Afeições Religiosas*. Ed. Vida Nova

cional. Suas emoções não são más. Elas foram dadas a você por Deus para propósitos santos.

Eu gostaria de distinguir entre o que é "emocional" e o que é "da alma". As emoções sem o Espírito é alma. Emoções com o Espírito é paixão.

Tudo o que verdadeiramente é de Deus sempre começa no seu espírito. Mas se o seu espírito for tocado profundamente, inevitavelmente ele tocará o seu coração, liberando ondas de incríveis emoções. E se a sua alma for profundamente tocada, inevitavelmente ela tocará o seu corpo. Você desejará responder com o seu corpo – ajoelhar-se, dançar, chorar, erguer as mãos, etc. Quando o Espírito de Deus desabar sobre você, tal onda da presença de Deus lavará todo o seu ser – corpo, alma e espírito.

Algumas pessoas pensam que se respondermos emocionalmente a um sermão ou a um chamado do Espírito as nossas respostas serão superficiais ou de curto prazo. Muitos de nossos compromissos espirituais não duram porque nunca nos tocaram profundamente o suficiente para tocar nossas emoções. Se o seu espírito for movido por Deus de tal maneira que isso seja derramado sobre a sua alma, é mais provável que seja uma mudança a longo prazo.

A Controvérsia

O próprio Jonathan Edwards tentou avisar os colonizadores a respeito do emocionalismo puro. Mas quando o poder de Deus atingiu as colônias há mais de 200 anos atrás, isso liberou todo tipo de manifestações emocionais. Os críticos chamam isso de "efervescência" e "desordem". As igrejas foram divididas por causa do avivamento. Dividiu a Igreja Presbiteriana na América. Alguns eram contra, outros a favor. E dá para adivinhar qual foi a questão? As pessoas estavam se emocionando na igreja! Eles estavam, de fato, mostrando fervor espiritual na casa de Deus!

Com efeito, esta tem sido a raiz da contenda em praticamente todos os avivamentos que já vieram sobre a Igreja. "Não nos importamos que as pessoas sejam salvas e batizadas na água. Mas não podemos aceitar quando elas ficam emocionadas ao contemplar a face de Deus."

É bem documentado que a maioria dos avivamentos foram acompanhados por uma vitalidade totalmente nova no canto congregacional. As reformas de Lutero foram acompanhadas por uma renovação no canto, sendo muitas das canções escritas pelo próprio Lutero. O pregador John Wesley foi ajudado pelo seu irmão, o compositor Charles Wesley. Billy Sunday viajou com Homer Rodeheaver. As reuniões de avivamento de D. L. Moody incluíam o canto dinâmico liderado por Ira D. Sankey. E a lista continua.

Fogo do Avivamento

Por que uma revitalização do canto sempre está presente num avivamento verdadeiro? A resposta jaz no fato de que o canto é o porta-voz da alma. Quando Deus se move num fogo de avivamento e acende as suas emoções, você quer cantar! Deixe-me ir mais além: você não pode ter um avivamento atual do Espírito Santo sem uma onda de emoções santas ornamentando os corações do povo de Deus.

Ouça o que um amigo escreveu sobre os encontros realizados por William e Catherine Booth, os fundadores do Exército da Salvação: "Algumas pessoas ficaram ofendidas pelos 'Améns' exaltados e gritos de vitória que vinham de todos os lados... O barulho algumas vezes era tremendo – mas Deus estava naquilo."

8. Emoções Santas

Havia muita energia nas reuniões de D. L. Moody também. Durante uma cruzada de dois anos na Grã-Bretanha, a rainha Vitória esteve presente em um dos encontros. Embora fosse uma crente devota, a Rainha disse o seguinte a respeito do culto de avivamento: "Eu tenho certeza que eles são pessoas sinceras e boas, mas este não é o tipo de exercício religioso que eu gosto." Infelizmente, os crentes ainda estão olhando para o zelo fervoroso que acompanhava o mover genuíno do Espírito de Deus e desprezam-no com palavra do tipo "Isto é bom para eles, mas não é bem o meu estilo".

John Wesley uma vez disse, "Me dê cem pregadores que não tem medo de nada além do pecado e não desejam nada a além de Deus e eu não quero saber se são pastores ou leigos; eles vão sacudir os portões do inferno e estabelecer o Reino dos céus na terra."

Moderação

2 Timóteo 1.7 dá uma declaração poderosa: "Porque Deus não nos deu o espírito de temor, mas de fortaleza, de amor e de moderação." A palavra no original grego para "moderação" significa "no comando completo das paixões e desejos." Ela traz a ideia de ter um domínio constante sobre suas emoções.

Para algumas pessoas, as suas emoções são como um trem desgovernado. É quase como se eles saíssem de si mesmos e observassem enquanto suas emoções se intensificam. Mas o Espírito de Deus foi dado a nós, de modo que podemos ter controle sobre cada aspecto da nossa alma (veja Gálatas 5.23).

Eu tenho três coisas a dizer sobre nossas emoções.

1. Nossas emoções são dadas por Deus

O próprio Deus é profundamente emocional e nos fez à Sua imagem. Por que Ele quis que fôssemos emocionais? Para que possamos ser capazes de corresponder às emoções que Ele derrama sobre nós, desfrutando um relacionamento recíproco, apaixonado, frente a frente com Ele.

A emoção do temor é um dom de Deus. Ensinamos nossos filhos a temerem o fogão porque está quente e eles podem se ferir gravemente. A emoção da preocupação ou cuidado é um dom de Deus. E se não ligássemos para ir para o trabalho, pagar as contas, pôr comida na mesa ou participar da obra de Deus? A raiva é um dom – graças a Deus você pode se irritar. (Quantas coisas temos para agradecer?) Deus planejou que fiquemos com raiva do diabo, do pecado e da tentação. E Ele nos deu uma maneira de expressa a ira em oração.

2. Devemos controlar como expressamos nossas emoções

O pecado distorceu nossas emoções depois que o pecado entrou na raça humana. Escute as primeiras palavras de Adão: "temi porque estava nu e escondi-me" (Gn 3.9). Esta emoção do medo, que tinha sido um dom de Deus, útil para tantos propósitos nobres, agora era torcida pelo pecado e tão distorcida que tornou-se a coisa que tirou Adão da presença de Deus.

Nossas emoções, originalmente um dom de Deus, agora têm duas possibilidades. Elas podem ser um recurso ou um risco, dependendo de como as direcionamos. Todas as emoções que possuímos agora carregam o potencial de nos ajudar ou atrapalhar na nossa caminhada com Deus e deve, portanto, ser cuidadosamente controlada.

8. Emoções Santas

Um exemplo claro disto é a área das paixões e desejos sexuais. Nossos desejos sexuais, quando expressados adequadamente dentro dos limites do pacto do casamento, são uma fonte de grande deleite, benção e fruto. Mas, uma vez que seja permitido serem expressados fora do casamento, estas mesmas paixões se tornarão uma fonte de destruição e luto incríveis.

3. Emoções Controladas são um excelente recurso.

As emoções são mobilizadoras, elas nos movem à ação. Se uma mãe de crianças pequenas ouve pneus de carro cantando na rua, você vai ver como ela me move! As emoções instantâneas que enchem o coração dela fazem com que ela quebre todos os recordes de velocidade para descobrir porque o carro está parando repentinamente lá fora.

Da mesma maneira, as emoções nos movem a trabalhar para Deus. Pense por um momento numa área de ministério na qual você serve. Você provavelmente serve porque tem sentimentos a respeito das necessidades daquele ministério. Fale com alguém que é envolvido no movimento pró-vida[11] e você vai detectar a emoção no rosto deles. Observe um evangelista enquanto faz o apelo no altar e você verá as emoções que motivam a vida dele.

Emoções na Adoração

De modo semelhante, nossas emoções nos movem à adoração, o que explica claramente porque há tanta resistência a demonstrações de emoção na igreja. É porque o diabo está em missão para arrancar a expressão de emoção santas da casa de

---
11 Nos Estados Unidos, o aborto é legalizado. Portanto existem grupos que defendem o aborto (pró-escolha) e os que são contra o aborto (pró-vida).

Deus. Se ele puder saquear o povo de Deus de sua liberdade emocional, ele neutralizará nossa adoração, roubando nossa alegria, sugando a nossa força (Ne 8.10), roubando, assim, a nossa vitória. Estamos fazendo o trabalho do diabo quando tentamos impedir que os santos de Deus, cheios do espírito, expressem as suas emoções aberta e exuberantemente.

Pode ser que alguém diga, "Bom, é que eu não sou uma pessoa emocional". Errado. Cada um de nós é criado por Deus para ser intensamente emocional. Mas alguns aprenderam a reprimir as emoções.

Eu acho que os homens são particularmente culpados aqui. Eu acho incrível a quantidade de cartões que os maridos enviam para as esposas que começam com um pedido de desculpas. "Eu sei que não digo tanto quanto deveria..." É difícil comprar um cartão para sua esposa que não seja um pedido de perdão. E aqui está a parte incrível: Os homens compram estes cartões! Por quê? Porque muitos chegaram à conclusão de que é masculino ser não envolvido, inexpressivo e estoicamente distante.

Você Consegue

Se você tem dificuldade em expressar suas emoções, permita-me pregar o evangelho aqui por um momento: Jesus veio para mudar você! Ele veio para mudar o seu coração, suas atitudes e sua personalidade. Eu li uma matéria de jornal há alguns anos atrás sobre um estudo do National Institute on Aging (Instituto Nacional sobre o Envelhecimento). A pesquisa deles mostrou que a personalidade de uma pessoa já está moldada lá pelos 30 anos. O crescimento e a maturidade que vêm depois dos 30 acontecem dentro do âmbito da personalidade que "já está engessada". A mudança a partir daí exige "esforços heroicos", eles dizem. O que a pesquisa deles não levou em conta foi

8. Emoções Santas

o poder transformador de Cristo, que reside dentro do crente. Graças a Deus que Ele ainda opera mudanças em nós.

Amado, quando tiver um vislumbre do que Jesus fez por você, com certeza ficará emocionado. Quando você compreende o que Jesus fez por você no Calvário, o que o Seu sangue traz para você hoje e o nível que você desfruta como um rei e sacerdote em Sua presença, você sentirá que várias afeições santas se levantam na sua alma. Olha, se você não ficar animado com Jesus, eu não sei o que mais pode te animar.

É uma mentira do diabo enviada do poço do inferno que diz que as emoções não pertencem à casa de Deus. Se o diabo pode congelar suas emoções, ele sabe que congelará você – e te tornará inútil para Deus.

Emoções Direcionadas

Quando a sua face está focada no Senhor, quando o seu espírito está a postos para adorar ao Senhor, deixe que suas emoções fluam. Quando você está na presença de Deus, esta é a hora para liberar o seu coração em abandono amoroso. E quando a sua alma estiver apontada na direção errada, por exemplo, em ira contra o seu cônjuge, filho ou outra pessoa, esta é a hora de puxar suas emoções com a capacidade dada pelo Espírito Santo.

O nosso problema é que invertemos as coisas. Quando a nossa alma está fascinada por algo potencialmente pecaminoso, somos muito rápidos em liberar nossas emoções. E quando a nossa alma está preparada para o louvor ou intercessão, ficamos diante de Deus como pedras endurecidas. Escute, meu amigo, quando você estiver no lugar da oração, permita que as infinitas emoções do Espírito Santo agarrem a sua alma, acendendo a sua intercessão com fervor vindo do Senhor.

Algumas pessoas reclamam de seus líderes de adoração: "Eu não entendo porque a equipe de adoração tem que tentar fazer alguma coisa acontecer todo domingo. Eles estão sempre agitando, agitando". Ei, este é o trabalho deles. O objetivo do ministério de adoração da igreja é agitar as afeições santas do povo de Deus.

Capítulo 9

Contemplando Sua Beleza

"*Uma coisa pedi ao Senhor e a buscarei: que possa morar na casa do Senhor todos os dias da minha vida, para contemplar a formosura do Senhor e aprender no seu templo*" (Sl 27.4)

Contemplar a beleza (literalmente, "maravilha") do Senhor é fitar o seu caráter e pessoa. Eu quero dirigir sua meditação hoje para apenas três aspectos da beleza do Senhor.

1. Ele é lindo em poder

As Escrituras Sagradas chamam-no "onipotente", "poderoso", o Todo Poderoso. Em outras palavras não há nada que Ele não possa fazer. Ele chamou os mundos à existência com a palavra da Sua boca. Seu poder superior foi demonstrado de maneira mais contundente na ressurreição de Seu Filho do túmulo.

Deus é tão poderoso, que até mesmo a Sua presença é avassaladora. Lembra do momento em que o anjo rolou a pedra do túmulo de Cristo e os guardas romanos desmaiaram na hora? Eles caíram como homens mortos na presença do anjo. Mas a presença do anjo nem se compara com o poder que emana da presença do próprio Deus.

Na verdade, isto também traz um problema para Deus. Ele disse "Eu quero ter um relacionamento pessoal e íntimo com o homem, mas toda vez que eu chego perto deles, eles fritam". Nosso relacionamento com Deus era um impasse autêntico. É por isso que Deus veio com o plano da redenção e enviou Seu Filho a este planeta. Agora um caminho foi feito, através da carne do Filho de Deus, para que tenhamos acesso à presença imediata de Deus. Ah, graças a Jesus por isso!

Quando Jesus voltar, você não vai querer ser um descrente. Porque a Bíblia diz que quando Jesus retornar, destruirá os Seus inimigos com o mero esplendor da sua presença (2Ts 2.8). Jesus diz "Eu vou te dizer como vou lidar com os meus inimigos. Eu vou apenas chegar."

Tire um momento para contemplar a beleza de Seu poder.

2. Ele é lindo em soberania

A soberania de Deus quer dizer o seguinte: Deus faz o que Ele quer, quando quer, sem pedir permissão de ninguém.

Só para você saber, eu ofereci meus serviços de consultoria para Deus em mais de uma ocasião. "Senhor, se quiser um conselho sobre como dirigir as coisas, é só me avisar." Eu contei para Ele que eu estava particularmente disposto a lhe dar um feedback sobre como dirigir a minha vida. O surpreendente é que Ele nunca aceitou a minha oferta.

9. Contemplando Sua Beleza

Engraçado, mas Deus parece pensar que Ele pode fazer o que quiser. O Salmo 115.3 diz que Deus está no céu, então faz tudo o que lhe agrada. Ele deve pensar que é Deus ou algo semelhante!

Você já sentiu que era uma vítima da Sua soberania? Eu tenho certeza que Jó já se sentiu assim. Eu acho que Paulo também.

Um dia, Deus chegou para Paulo. "Eu tenho um presente pra você, Paulo."

"Um presente? Pra mim? Uau! O que é?"

"Toma", Deus disse, entregando a Paulo um presente bem embrulhado. "Abra."

Paulo desfez o laço cuidadosamente, afastou o papel, tirou a tampa, e – um demônio! Isto é o que 2 Coríntios 12.7 diz: "foi-me dado um espinho na carne, a saber, um mensageiro de Satanás, para me esbofetear, a fim de não me exaltar." Três vezes Paulo pediu ao Senhor para que ele fosse removido, mas a resposta do Senhor para ele foi "minha graça te basta, porque o meu poder se aperfeiçoa na fraqueza" (2Co 12.9).

É verdade que Deus algumas vezes faz coisas em nossas vidas que não compreendemos, mas sua soberania ainda é linda e incrível.

Vamos parar um momento para agradecer por sua soberania?

3. Ele é lindo em santidade

Há certas criaturas que Deus colocou no fogo de Sua imediata presença. A Bíblia os chama de "serafins". Tudo que eles fazem, dia e noite, é clamar "Santo, santo, santo é o Senhor dos Exércitos; toda a terra está cheia da sua glória" (Is 6.3).

Estes serafins são criaturas absolutamente sem pecado ou falhas. Ainda assim a Bíblia fala delas desta maneira: "Na assembleia dos santos Deus é temível, mais do que todos os que o rodeiam" (Sl 89.7 - NVI).

Estes serafins são um estudo. Eles estão cobertos com olhos por todo o corpo – acima, ao lado e embaixo de suas asas, olhos em todo o lugar. Eu acredito que isto demonstra extrema inteligência. Eles são provavelmente os mais sábios de todas as criaturas de Deus. E mesmo assim, o que vemos estas criaturas de incríveis recursos intelectuais fazendo? Eles não estão debatendo os pontos mais interessantes da filosofia existencial – "Penso, logo existo". Eles estão fazendo só uma coisa: adorando a santidade Daquele que senta no trono.

A adoração é uma das coisas mais inteligentes que você vai fazer. Se você tiver meio cérebro, você também cairá diante Daquele que está assentado no trono e clamará "Santo, santo, santo!"

A santidade de Deus é um conceito complexo e leva três ideias com ele:

- Integralidade. Plenitude. Quando Deus nos faz santos, Ele nos faz inteiros. Ser santo é ser tudo que Deus quis que fôssemos.
- Pureza. A santidade é o processo de purificação em nossas vidas através do qual nos tornamos mais e mais como Jesus. Conforme o fogo queima as impurezas do nosso estado de pecado, desejamos que o ouro de nosso coração se torne tão puro que quando Deus olhe para nós, Ele seja capaz de ver Seu próprio reflexo em nós.
- Peculiaridade. No panteão das hostes celestiais, Deus se destaca de todos os outros seres como singularmente ilustre e unicamente incomparável. Neste sentido o oposto da santidade não é tanto o pecado, mas sim a normali-

9. Contemplando Sua Beleza

dade. Quanto mais parecidos com Deus nós somos, mais nos destacamos em contraste com o mundo.

Que privilégio, fitar a santidade do nosso Deus! Ele é completo, absolutamente puro e singularmente incomum.

Como Dizer?

Ah, a beleza do Senhor! Os escritores bíblicos lutavam por palavras, gaguejando na tentativa de descrever com a língua humana a incrível majestade de nosso Deus. Sob a inspiração do Espírito Santo, eles o chamavam "o mais Poderoso", "o mais Santo", "o Altíssimo", "Senhor dos Exércitos", "o Santo de Israel", "Deus Poderoso no Céu", "Ancião dos Dias", "nosso Senhor e Salvador Jesus Cristo", "Capitão dos Exércitos do Senhor", "Imagem do Deus Invisível", "Rei da Glória", "Leão da Tribo de Judá", "Rei dos reis e Senhor dos senhores", "Bem-aventurado e Único Poderoso Senhor".

Não é de se admirar que Moisés clamou "Ó Senhor, quem é como tu entre os deuses? Quem é como tu, glorificado em santidade, terrível em louvores, operando maravilhas?" (Êx 15.11).

"E seja sobre nós a formosura do Senhor nosso Deus" (Sl 90.17 – Almeida Corrigida Fiel).

Face a Face

Veja que coisa incrível. Este grande Deus, que é lindo em poder, lindo em soberania e lindo em santidade, convida a você e eu para um relacionamento face a face com Ele.

Estes serafins poderosos que servem à presença imediata de Deus receberam seis asas – duas para voar, duas para cobrir os seus pés e duas para cobrir as suas faces (Is. 6.2). Mas você não. Você é convidado a vir com um rosto descoberto para fitar a beleza do Senhor.

Apocalipse 20.11 prediz que o céu e a terra fugirão da Sua face. E é diante deste rosto magnífico que nos achegamos.

Em Sua misericórdia, Deus nos deu "sombras" para que possamos contemplar Sua glória sem perecer. "Porque agora vemos como por um espelho, em enigma, mas então veremos face a face." (1Co 13.12) Deus colocou um escudo protetor diante de nós para que possamos olhar para Sua face. Se vê-Lo agora é tão glorioso, dá para imaginar como será contemplá-lo quando o espelho for retirado?

Nível dos Olhos

Às vezes eu chamo a minha esposa, Marci, para vir subir num degrau e agora ela já sabe o que eu tenho em mente. Ela é mais baixa do que eu e quando sobe num degrau acima de mim, ficamos no mesmo nível dos olhos. É a altura exata para um lindo abraço. Da mesma maneira, Deus nos eleva até o nível dos olhos. Algumas vezes abaixamos as cabeças em Sua presença e isso com certeza é adequado; algumas vezes erguemos nosso rosto para Ele e isso é ótimo. Mas eu quero que você entenda que pode fitar a Sua beleza bem de frente, face a face. Ele elevou você ao nível Dele.

Deus não apenas *oferece* este relacionamento face a face – Ele *quer* isso! Jesus disse que o Pai está *ativamente buscando* aqueles que O adorarão em Espírito e em verdade (João 4.23).

Ouça o Pai buscando os verdadeiros adoradores quando Ele os chama "Pomba minha, que andas pelas fendas das penhas, no oculto das ladeiras, mostra-me a tua face, faze-me ouvir tua voz, porque tua voz é doce, e tua face, aprazível" (Ct 2.14). Você responderá ao Seu clamor? Você trará sua face diante da Dele? A sua voz será ouvida?

Capacitação do Espírito

Talvez haja um clamor em seu coração para receber uma paixão renovada pela face de Jesus. Eu não quero que isto seja uma afirmação teológica nem nada – mas só seja batizado de novo no Espírito Santo! Busque ser cheio do Espírito, porque Ele foi dado a nós para reacender nossa paixão por Jesus. Quando você for batizado no Espírito Santo e no fogo, amado, você conhecerá uma paixão piedosa. O batismo do Espírito Santo é uma experiência que lhe catapultará para uma nova liberdade de expressar as emoções santas na presença do Senhor.

O Espírito Santo é infinitamente emocional. O fruto do Espírito é cheio de emoção. Amor, alegria, paz... eles todos brilham com paixão. Eu gosto de me referir a eles como "frutos apaixonados".

Deus quer que você seja apaixonado em seu relacionamento com Ele. O Senhor disse "Quando você vier à Minha presença, venha com ação de graças. Venha com louvor" (veja o Salmo 100). Dar graças é uma expressão emocional. O louvor é apaixonado. Deus está dizendo, "Quando você vier à minha presença, venha com paixão e emoção. Venha até a Minha face – apaixonadamente!"

Os olhos são a parte mais expressiva do rosto. Se você realmente quer saber o que alguém está pensando, leia a expressão nos olhos dele. Essa é a razão pela qual muitos crentes evitam contato visual com Deus. Eles têm vergonha de que Deus olhe em seus olhos e veja o quanto o amor que eles têm por Deus é apagado realmente.

O Que Carrega Suas Baterias?

Há um tempo atrás, eu li sobre um homem que entrevistou individualmente 350 líderes cristãos ao redor dos Estados

Unidos como parte de um projeto de pesquisa. No fim de suas viagens, ele fez uma afirmação que tocou o meu coração com convicção: "Eu encontrei bastante zelo pela obra de Deus, mas muito pouca paixão por Deus." Ui!

Você já descobriu que tentar passar tempo com Jesus por razões de culpa nunca funciona? Nosso relacionamento com Jesus nunca será satisfatório se passarmos tempo com Ele porque entendemos que temos que fazê-lo. É quando chegamos àquela motivação positiva de querê-Lo, desejar Sua presença, ansiar por conhecê-Lo mais íntima e pessoalmente, que nossa caminhada com Ele se acenderá. Ah, Senhor, nos dê paixão para conhecer o Senhor!

Uma coisa muito óbvia na vida de Jesus enquanto Ele estava na terra foi a Sua preocupação em ficar sozinho com o Pai. Ele se misturava com as massas porque esse era o Seu chamado, mas o que realmente gostava de fazer era estar com Seu Pai. A coisa mais próxima de ansiedade que eu vejo em Jesus (além do Getsêmani) é quando Ele ficou com as multidões por um dia e se retirou deles com uma urgência que sugere, "Eu preciso sair e ficar com o meu Pai".

Jesus viveu tais momentos com o Pai. Quanto a mim, eu faço o contrário disso. Eu passo tempo com o Pai porque eu sei que é necessário se eu vou fazer algo que realmente me motiva – ou seja, ministrar às pessoas. Eu me sinto mais energizado servindo do que ficando com Ele. Muitos de nós ficam mais satisfeitos trabalhando para Deus do que conhecendo-O.

Jesus não ficava energizado nem mesmo pelas demonstrações do sobrenatural. Por exemplo, numa ocasião, Jesus entrou num barco com Seus discípulos, sabendo que uma tempestade chegaria e que esta seria acalmada com uma palavra. Se eu fosse Jesus, sabe o que eu faria? Eu ficaria sentado ali, pensando comigo mesmo, "Só mais algumas horas, gente, e vocês vão ver uma coisa incrível. Eu mal posso esperar para ver o olhar na cara de vocês quando eu acalmar o vento e as ondas!" Mas o que Jesus estava fazendo? Dormindo. Demonstrações de poder não recarregavam Suas baterias. A única coisa que animava Jesus era Sua comunhão com o Pai.

O que deixa você entusiasmado? O que estimula você? Pastor, é quando você prega um sermão de arrepiar? Líder de adoração, é quando o culto de adoração que você está dirigindo emociona? Você se alegra em ser um ministro em tempo integral porque agora você se dá ao luxo de passar ainda mais tempo do que antes no lugar secreto com Jesus?

Para aqueles que estiverem dispostos, Deus vai calibrar suas motivações e aspirações na prioridade correta. Será um trabalho doloroso, pois Ele terá que trazer você a um lugar de tamanha dependência urgente Dele que o único clamor do Seu coração será "Eu preciso ganhar Cristo!" Somente aí você perceberá que ficar em Sua face é sua única fonte de sobrevivência.

Capítulo 10

O Projeto do Inimigo

O projeto do inimigo é manter você fora da face de Deus. O princípio da cruz é trazer você para a Sua presença. O pecado produz dois derivados em nossas almas. Satanás é um mestre em massagear estas emoções devastadoras em nossas almas, não apenas para infligir sofrimento, mas para inibir nosso crescimento na graça de Cristo e para corroer nossa habilidade de guerrear na causa de Cristo.

Culpa

A primeira consequência do pecado é a culpa. Ninguém lendo estas palavras precisa de uma definição ou explicação sobre a culpa – ela queima em nós, ora acusando, ora menosprezando, ora zombando. Por causa da culpa nos sentimos indignos e inaceitáveis para Deus.

A culpa ataca onde houver pecado genuíno. E é aí que a culpa encontra o seu poder, porque o nosso pecado é muito real, e nossa culpa bem merecida. Merecida, notem bem, até a aplicação do sangue de Jesus.

O sangue de Jesus, quando aplicado aos nossos corações, nos liberta de toda a culpa. Romanos 5.9 diz que fomos "justificados pelo Seu sangue". Quando Deus nos justifica, Ele não apenas finge que nosso pecado se foi; Ele remove o nosso pecado tão completamente de nós que, aos Seus olhos, somos feitos como quem nunca pecou! Graças a Deus, a culpa não tem morada legal na alma do crente.

Deus removeu sua culpa para que você pudesse vir a Sua presença e ministrar a Ele. O sangue de Jesus revolucionou a maneira como Deus lhe vê. Apocalipse 1.6 diz que Deus nos fez "reis e sacerdotes". Como um sacerdote, tenho o privilégio de servir em Seu templo, ministrar a Ele, bendizer Seu nome. Mas Deus não quer lixo ministrando a Ele, mas sim, a realeza servindo-O. Então Ele diz "Olha só, vou fazer de você um rei também". Agora, não fique soberbo, cristão. É verdade que você é rei, mas Ele ainda é o "Rei dos reis".

Acusado diante de Deus

> *E ouvi uma forte voz no céu, que dizia: Agora chegaram a salvação, a força, o reino do nosso Deus e o poder do seu Cristo; porque já o acusador de nossos irmãos é derribado, o qual diante do nosso Deus os acusava de dia e de noite. Eles venceram pelo sangue do Cordeiro e pela palavra do seu testemunho; e mesmo diante da morte não amaram a própria vida.* (Ap 12.10-11)

Sabemos quem é o acusador. É interessante onde ele acusa o povo de Deus – "diante do nosso Deus". Você já percebeu que Satanás não se importa em acusar você até que você tente chegar na presença de Deus? Fique em casa numa manhã de domingo e você terá uma manhã adorável, livre de culpa. Vá para a igreja e ouça as acusações! "Eu me sinto tão hipócrita. Eu não acredito que ainda estou sentado aqui na igreja. Eu sou um fariseu, fingindo toda esta coisa espiritual." (O inimigo sempre nos acusa na primeira pessoa, como se fossem os nossos

10. O Projeto do Inimigo

próprios pensamentos, quando na verdade, eles são pensamentos injetados em nossas mentes.)

Deixa eu lhe contar porque o inimigo entra com suas acusações quando você tenta adorar ao Senhor. É porque ele sabe que a adoração é transformacional. Satanás sabe que se você chegar na presença de Deus e for verdadeiramente renovado em seu espírito, as coisas começarão a mudar em sua vida. Você não pode acessar o poder de Deus e permanecer o mesmo. Mas se o acusador puder impedi-lo de adorar, ele conseguirá fazer com que você fique amarrado e aprisionado em seu pecado.

A culpa é um ciclo vicioso. Quando sentimos culpa por nosso pecado, nos retiramos da presença de Deus. Quando nos retiramos na presença de Deus, lutamos mais ainda com o pecado. E com mais pecados, vem mais culpa. Então o ciclo apenas se aprofunda. A culpa é um redemoinho que é desenhado pelo inimigo para sugar você para a destruição espiritual.

Satanás fará de tudo para destruir sua confiança em vir à face de Deus. Como um lobo, a tática dele é "isolar e separar". (Talvez você tenha visto esta tática dos predadores num programa de vida selvagem.) O esquema de Satanás é esmurrar e bloquear a sua vida até que você se afaste da vida de adoração da congregação. Ele faz você pensar "Seria hipócrita eu ir à igreja e adorar hoje". Se ele puder convencer você a se isolar do fluxo da vida espiritual que acontece no ajuntamento dos santos, você já era.

O propósito da culpa é manter você fora da presença de Deus. Mas Jesus disse "Ande comigo. Fique na minha presença e as coisas começarão a mudar".

Três Tipos de Guerra

Há três tipos de guerra espiritual. Talvez ouçamos mais a respeito da *guerra ofensiva*. Jesus descreveu Sua igreja como estando na ofensiva quando Ele disse que os portões do inferno não prevaleceriam (Mateus 16.18). Os portões não atacam, os portões defendem. Jesus pintou uma igreja atacando os portões do inferno. Quando o assunto é guerra espiritual, creio firmemente nas palavras de Jesus: "Mais bem-aventurada coisa é dar do que receber" (Atos 20.35).

O segundo tipo de guerra não atrai a mesma publicidade, mas talvez seja um elemento um pouco mais realista na vida diária do crente, que é a *guerra defensiva*. Não se engane, o inferno está aí para destruir cada um de nós. Gente, isto não é um baile, é uma guerra. Cada crente tem que adotar uma posição de defesa contra a estratégia do inimigo, determinando não entregar nem um centímetro de progresso espiritual. O Novo Testamento resume esta postura defensiva com duas palavras: "permanecer" (Ef. 6.13) e "resistir" (Tg 4.7). Deus nunca planejou que fossemos passivos diante do ataque do inimigo. Deus permite que soframos o ataque para que possamos aprender a levantar, tomar o escudo da fé e aplicar a vitória do Calvário em nossas vidas. Não pode haver vitória sem batalha.

O terceiro tipo de batalha espiritual é um do qual ouvimos falar bem pouco, mas eu vou descrevê-lo com o termo *guerra interna*. É quando Deus luta com Seus inimigos, os que ainda residem dentro de nós. Se você já subiu num palco durante um culto de adoração, já viu uma guerra. Você consegue observar as expressões de dor nas pessoas enquanto elas lutam com Deus.

Não é de se admirar que algumas pessoas não venham à igreja. Elas não têm intenção de mudar e preferem não ser criticadas ou pressionadas.

10. O Projeto do Inimigo

Alguns crentes não compreendem o poder da presença de Deus. A virtude flui de todo o nosso ser simplesmente estando em Sua presença. Eu já usei praticamente todos os recursos conhecidos pelos pastores para trazer as pessoas para a igreja. Porque eu sei, no meu coração, que se eles vierem, as coisas começarão a mudar. Eu quero insistir com eles, "Apenas venham!"

Alguns pecados são vencidos aplicando princípios específicos da vida cristã, mas alguns pecados são subjugados basicamente passando grandes quantidades de tempo diante da face de Deus. Muitos santos testemunham para mim que, conforme foram fiéis em estar na presença de Deus, não sabiam exatamente como ou quando aconteceu, mas eles subitamente perceberam que não estavam mais lutando com aquela área de pecado.

Eu gosto de pensar na presença de Deus como um "tratamento de radiação". O "câncer" do pecado em nossas vidas é dissipado quando passamos tempo na "radiação" da Sua presença. O que a maioria de nós precisa é de um "tempo de exposição" à glória de Deus.

Convicção ou Condenação?

A convicção é a voz do Espírito Santo quando Ele acena para abandonarmos nosso estado de pecado. A condenação é a voz do inimigo quando ele inflama nossos sentimentos com culpa, buscando nos encarcerar em padrões de pecado. O problema é, ambas as vozes vêm na mesma esfera – o campo espiritual. E elas podem soar muito semelhantes para o ouvido destreinado. Como podemos discernir entre a voz da convicção e a voz da condenação?

Uma árvore é conhecida pelos frutos. Você sabe dizer a diferença entre a convicção e a condenação olhando na direção que isso está levando você. A convicção (a voz do Espírito) nos aponta para o arrependimento, que libera a graça de Deus em nós, e nos motiva a crescer no conhecimento de Cristo. A condenação (a voz do inimigo) nos leva ao desespero, que por sua vez alimenta o ciclo do pecado e de quebra debilita nossa habilidade de atuarmos como cristãos. Então pergunte a você mesmo: "Eu estou motivado ou debilitado?" A convicção sempre atrai você para a presença de Deus. Olhando na direção para onde está se dirigindo, dá para saber se é convicção ou condenação.

Vergonha

O sangue de Jesus desferiu o golpe final na culpa, pois agora temos acesso completo à presença de Deus. Mas há uma segunda consequência do pecado que inibe muitos de nós, e é a vergonha. Deixe-me distinguir entre culpa e vergonha com algumas ilustrações.

Foi a *culpa* que fez com que Adão e Eva se escondessem de Deus, mas foi a *vergonha* que os levou a se cobrirem com folhas de figueira. A vergonha é o embaraço que sentimos por nossos fracassos.

Para distinguir entre os dois de novo, suponha que você é o Presidente dos Estados Unidos da América. Você sofreu um *impeachment* por crimes de responsabilidade e pouco antes do seu julgamento, você recebeu o perdão presidencial por parte de seu substituto, o novo Presidente. Ser perdoado quer dizer não ter mais culpa. Agora, livre de culpa, você pode andar em qualquer lugar dos EUA como um homem livre. Ninguém tentará prender você; a sua culpa foi completamente removida.

Porém, um perdão presidencial pode remover a culpa, mas nunca removerá a vergonha. Enquanto viver você carregará a vergonha da sua conduta.

Agora, veja uma das maravilhas a respeito de Jesus: o Seu sangue nos limpa não apenas da culpa, mas também da vergonha! Não teremos mais que "nos cobrir" em Sua presença. Ele nos convida a vir diante Dele com uma face descoberta e livre (veja 2 Coríntios 3.18).

Uma coisa é saber que você foi perdoado; outra coisa é sentir-se perdoado completamente. Nenhuma conversa será suficiente para convencer você do contrário quando você se sentir envergonhado. Mas o sangue de Jesus já resolveu o problema até destes sentimentos de culpa.

O derramar e aspergir do Sangue

O décimo capítulo de Hebreus distingue entre duas aplicações distintas do sangue de Jesus. No verso 19, o sangue de Jesus nos dá ousadia para entrar no Santo dos Santos: "Tendo, pois, irmãos, ousadia para entrar no santuário, pelo sangue de Jesus..." Isto se refere à aplicação do sangue às nossas vidas quando somos feitos novas criaturas em Cristo. Quando o sangue de Jesus está sobre as nossas vidas, sempre temos ousadia para vir diante Dele não importa o quanto lutemos a cada dia. Esta aplicação do sangue de Cristo é de uma vez para sempre.

A segunda aplicação do sangue é descrita três versos depois: "Sendo assim, aproximemo-nos de Deus com um coração sincero e com plena convicção de fé, tendo os corações aspergidos para nos purificar de uma consciência culpada e tendo os nossos corpos lavados com água pura" (Hb 10.22 - NVI). Esta "aspersão" é uma aplicação do sangue que está disponível para todo crente de forma repetida e contínua. Na verdade, Pedro diz que fomos chamados por Deus e santificados pelo Espírito com dois propósitos: para que possamos andar em obediência e sermos aspergidos pelo sangue de Jesus (Veja 1 Pedro 1.2).

De modo correspondente, no Velho Testamento houve um *derramar* do sangue e o *aspergir* do sangue. O derramar do sangue de Cristo trata da nossa culpa diante de Deus e o aspergir do Seu sangue lida com nossos sentimentos de vergonha e impureza. O livro de Hebreus diz que a aspersão nos limpa de uma consciência culpada". Em outras palavras, você se *sente* perdoado. Você não apenas sabe disse mentalmente, você se sente limpo de verdade.

Há uma aspersão do sangue para você hoje, querido. Faça comigo esta oração simples:

Querido Pai que está no céu, eu te agradeço porque o sangue de Jesus me qualificou para entrar na Sua presença hoje. Mas eu estou pedindo para ser aspergido de novo pelo Seu sangue agora mesmo. Limpe-me de toda coisa suja. Purifique-me da contaminação do mundo. Limpe a minha consciência, dissolva toda a culpa e vergonha. Eu recebo a Sua purificação agora e me alegro na maravilhosa provisão da Sua cruz. Bendito seja o Seu santo nome!

E para isso fomos criados! Não deixe o diabo te roubar. Cristo proveu tudo, através do Seu sangue, para que você se regozije em Seu abraço e desfrute o direito de filho – contemplando Sua face.

Capítulo 11

Orações de Louvor

Um os versos mais desafiadores na Bíblia é o Salmo 34.1, "Louvarei ao Senhor em todo o tempo; seu louvor estará *continuamente* na minha boca". Minha pergunta é simplesmente esta: como se faz isso? Como louvar ao Senhor sem nem mesmo parar?

Para jogar mais lenha na fogueira, o apóstolo Paulo escreve esta ordem, "Orai sem cessar" (2Ts 5.17). Agora eu estou em apuros. Eu tenho que louvar continuamente e eu tenho que orar sem cessar. Ih!

Deus, tem gente que precisa trabalhar.

Já esteve numa situação em que você está no trabalho e fica tão absorvido em suas responsabilidades que você para de louvar ao Senhor? Já aconteceu de você ficar distraído dirigindo no trânsito que você parou mesmo de orar por alguns minutos? Você já dormiu?

Nesta hora vem a voz do acusador: "Muito bem, que vergonha, projeto de cristão!" A culpa e a condenação fluem e você se sente um fracasso ridículo. Você não consegue mesmo orar sem cessar!

Por que o Espírito Santo colocou este desafio aparentemente inalcançável diante de nós? Para que possamos todos viver em frustração e derrota?

Um Diagrama de Oração

A chave para estas perguntas pode ser encontrada num entendimento correto da palavra bíblica "oração".

Eu quero que você complete o diagrama, então ponha este livro de lado por um minuto se você precisar e vá buscar um lápis ou caneta. A página seguinte está em branco e é onde você vai montar o seu diagrama.

Eu gostaria que você escrevesse na página em branco todas as maneiras que você puder imaginar de nos expressarmos para Deus. Pense nas maneiras que podemos nos expressar para Deus em nossos ajuntamentos coletivos, bem como no nosso lugar secreto, sozinhos com Deus. Seja uma expressão escrita, uma canção que cantamos em voz alta ou em silêncio, escreva. (Para aqueles que precisam de uma dica, você pode colocar na sua lista palavras como canto, louvor, ação de graças, adoração, petição, choro, riso, meditação, súplica, intercessão, trabalho, regozijo, dança, grito, contemplação, recitação, arrependimento, etc).

11. Orações de Louvor

Diagrama

Você não deveria estar lendo esta linha, a menos que tenha completado a tarefa na página anterior.

Terminou o diagrama? Bom.

Agora, em letras bem grandes, no topo da página, escreva a palavra "ORAÇÃO".

Você acabou de pôr um título na sua lista. Todas as expressões escritas são tipos variados de oração.

O Específico e o Geral

Para compreender a ideia bíblica de oração, precisamos entender que a palavra "oração" é usada de duas maneiras na Bíblia. Em primeiro lugar, ela é usada no sentido específico de "petição", "súplica", "apresentar seus pedidos a Deus". Quando oramos neste sentido específico, dizemos coisas do tipo, "Deus, por favor, abençoe o meu dia. Abençoe minha esposa, meus filhos, minha igreja. Ajude-nos a pagar a conta de luz este mês". Estas são petições para uma necessidade específica.

Mas "oração" na Bíblia também é usada em um sentido *geral*, como um termo abrangente para descrever toda a gama de maneiras de nos expressarmos a Deus. A oração neste sentido geral é o que você acabou de colocar no diagrama. Todas aquelas expressões que você listou são formas de oração.

Paulo escreveu "Orai em todo o tempo, com todo tipo de oração e súplica no Espírito" (Ef 6.18 – Nova Almeida Atualizada). Quantos tipos de oração há, Paulo? Todos os tipos, Paulo diz. E ele nos exorta a empregar todas elas quando dirigimos nosso coração na direção do Senhor.

Um Espírito Pronto

Deixe-me sugerir uma definição de oração neste sentido geral. Oração é "Um espírito pronto na direção do Senhor".

É muito importante compreender que embora a minha mente não possa sempre focar no Senhor, o meu espírito pode estar continuamente pronto na direção do Senhor. Quando a Bíblia ordena que oremos sem cessar, ela quer dizer que precisamos ter nosso espírito pronto na direção do Senhor em todos os momentos do dia. É possível que o nosso espírito esteja orando quando não estivermos conscientes disso – até mesmo enquanto dormimos.

Veja como funciona. Estou dirigindo sozinho pela estrada e fiquei tão preocupado com as demandas de dirigir que o Senhor não está mesmo em meus pensamentos. Mas durante um passo mais lento no trânsito, a minha mente vaga para algo a respeito do Senhor. Naquele momento, o meu espírito imediatamente responde, e lá de dentro vem um rápido "Obrigado, Senhor. Eu te amo, Jesus". Por que o meu Espírito responde assim? Porque ele está pronto na direção do Senhor desde o princípio. Embora minha mente não possa focar nas coisas de Deus vinte e quatro horas por dia, quando meus pensamentos se voltam para o Senhor, o meu espírito está pronto para ir.

Ou talvez você tenha experimentado o efeito contrário. Quando sua mente é trazida de volta para o Senhor, você percebe uma frieza no seu coração. Entre o seu espírito e o Senhor surgiu uma certa distância. Espiritualmente, você está "de fora". O que está errado? O seu espírito perdeu a postura de estar pronto na direção do Senhor. Alguma coisa fez o seu coração voltar-se para você mesmo, ou para os cuidados deste mundo.

Orar Sem Cessar

Esta dinâmica torna-se muito óbvia num encontro congregacional. É domingo de manhã, 10h00 e está na hora do culto de adoração começar. O líder de adoração introduz uma canção e todos começam a cantar. Aqueles cujos espíritos estão prontos na direção do Senhor já decolam. Não importa qual é a canção, se é rápida ou lenta, se os instrumentos estão afinados, se o sistema de som está muito baixo ou muito alto, estes caras estão prontos para adorar ao Senhor. Eles entram imediatamente no Espírito e sua alegria e vivacidade espiritual é óbvia.

E então você tem o outro grupo. Veja bem, eles parecem prontos pro culto, bem vestidos e tudo o mais. Mas quando o canto começa as mentes deles estão em pensamentos do tipo, "Será que o Billy vai conseguir chegar no culto? Eu espero que sim, porque se eu puder falar com ele agora pela manhã, vai me poupar uma ligação de telefone". "O que houve com aquele casal? Devem ter tido um pneu furado no caminho para a igreja". Tsk, tsk, tsk. "Olha só aquela roupa! Gente, Fulana está linda hoje!"

Algumas pessoas precisam dos quinze primeiros minutos de um culto de adoração para entrarem no espírito e começarem a se mover.

Eu vou te falar porque alguns cultos de adoração levam tanto tempo para decolar, ou porque alguns não decolam mesmo. Esta é a razão por trás de cada culto de adoração vacilante, todas as vezes. É simples assim: não temos vivido a palavra das Escrituras Sagradas que ordena "Orai sem cessar". Os nossos espíritos não estão prontos na direção do Senhor.

Você já esteve num culto de adoração que subiu aos lugares celestiais ao romper da primeira canção? Todo mundo está olhando para o líder de adoração, pensando, "Uau, este líder de adoração é ungido mesmo!" Bom, o líder de adoração não tem nada a ver com isso. Os nossos espíritos estão prontos na direção do Senhor e viemos prontos para adorar. O líder de adoração provavelmente podia ter puxado um canto fúnebre e a igreja teria explodido no louvor. Se você tem um grupo cujos espíritos estão prontos na direção do Senhor, começar uma canção e como jogar um palito aceso na gasolina. O culto explodirá.

É por isso que um dos maiores desafios que os líderes da igreja encaram hoje é fazer discípulos cuja determinação é alinhar seus espíritos continuamente na direção do Senhor. Aquele que já vive uma vida de oração compreende que ele pode habitar na face de Cristo até mesmo rolando no chão com seus filhos na sala de estar.

Orar Como Um Termo Geral

A ideia de que a "oração" é algumas vezes usada de uma maneira geral na Bíblia para descrever todos as maneiras como podemos nos expressar para Deus pode ser uma ideia nova para alguns. Então eu gostaria de defender esta tese com algumas passagens das Escrituras.

Para começar, abra o segundo capítulo de 1 Samuel. O primeiro verso nos conta que "Ana orou" e então a oração de Ana está registrada para nós. Ela diz "Meu coração exulta no Senhor" (v.1) – ela começa com louvor. No verso seguinte, ela diz "Não há santo como o Senhor; porque não há outro fora de ti; e rocha nenhuma há como o nosso Deus." (v.2) – esta é uma linda expressão de adoração. Agora, veja o verso 4: "O arco dos fortes foi quebrado, e os que tropeçavam foram cingidos de força" – neste e nos versos seguintes Ana entra em algo tipo uma "proclamação profética" enquanto exalta as obras do Senhor.

Eis o que eu quero dizer: você não encontrará uma única petição na oração de Ana. Nem uma vez ela pede a Deus por coisa alguma. Ela ora, ela adora, ela exalta a grandeza de Deus, ela profetiza – e a Bíblia chama isto de "oração". Por que não há nenhuma petição na oração dela? Porque a oração, neste sentido geral, é algo muito mais abrangente do que apenas petição.

A Oração do Pai Nosso

Este pensamento é justificado no modelo da oração que Jesus deu aos Seus discípulos. Jesus disse, "Quando orardes, dizei: Pai, santificado seja teu nome" (Lc 11.2). Adore ao Pai quando você orar, era o que Jesus estava dizendo, porque *adoração é oração*. Jesus também os ensinou a pedir que o pão de cada dia fosse suprido, porque *petição é oração*. E finalmente, Ele os ensinou a concluir com as seguintes palavras: "Porque teu é o reino, o poder e a glória, para sempre. Amém" (Mt 6.13). Jesus ensinou a eles um coro de louvor, porque *louvor é oração*. Jesus reforçou este conceito de que a oração tem muitas expressões.

Olhe comigo mais adiante, por favor, para este pequeno verso dos escritos de Davi: "Findam aqui as orações de Davi, filho de Jessé" (Sl 72.20). Com estas palavras, Davi não está concluindo apenas o Salmo 72, ele está amarrando toda uma coleção de salmos. (Note que este verso termina o "Livro Dois" de Salmos). Examine o conteúdo dos Salmos de Davi e você descobrirá uma variedade de expressões – petição, questionamento, louvor, culto, profecia, adoração, choro, exultação, clamores por retribuição e julgamento dos seus inimigos, etc. Ao concluir, Davi usa uma palavra para descrever esta grande variedade de expressões – "orações".

Eu espero que estes textos validem a minha tese suficientemente de que a "oração" é algumas vezes usada de uma maneira geral, inclusiva, na Bíblia.

Orações de Louvor

Esta tese nasceu de uma maneira muito interessante quando analisamos a história de Paulo e Silas na prisão de Filipos. Paulo e Silas irritaram os moradores desta cidade por libertarem uma mulher endemoninhada, então após serem espancados foram aprisionados com seus pés em troncos. "Por volta da meia-noite, Paulo e Silas oravam e cantavam hinos a Deus" (Atos 16.25). Eu descobri algo muito interessante a partir da construção das palavras no original grego neste texto: na frase "oravam e cantavam" a conjunção "e" não está no grego. A frase, literalmente, deveria ser assim: "e por volta da meia-noite, Paulo e Silas estavam cantando louvores a Deus" (Berry's Interlinear Greek-English New Testament). Paulo e Silas não estavam fazendo duas coisas (orando e cantando), eles estavam fazendo uma coisa só. Eles estavam orando. E a forma específica de oração que estavam empregando era a de cantar louvores. Eles estavam cantando "orações de louvor".

Deus livrou Paulo e Silas daquela prisão de uma maneira poderosa para demonstrar o Seu prazer em liberar Seu poder quando fazemos orações de louvor na nossa noite.

Uma Expressão Completa

Deus quer que pratiquemos a esfera das expressões de oração quando erguemos nossas almas ao Senhor. Se na minha vida de oração faltam qualquer das expressões de oração, então ela não é totalmente equilibrada e completa.

Algumas pessoas tornaram-se regradas e rígidas em sua vida pessoal de oração. "Cinco minutos de louvor, cinco minutos de adoração, cinco minutos para mim, cinco minutos para minha família, cinco minutos para minha igreja, cinco minutos para o meu pastor, cinco minutos para meus missionários, cinco minutos pelo meu país..." A vida de oração deles é tão precisamente pré-planejada que se uma porção de seu tempo de oração dura mais do que deveria, a manhã toda está perdida.

Deus quer que nosso tempo com Ele seja uma expressão de livre fluir de interação amorosa. Pode haver uma manhã em que você gastará quinze minutos no louvor, e na manhã seguinte gastará trinta minutos na intercessão. O Senhor quer dirigir o seu tempo de oração a cada dia, com um senso de frescor contínuo. Mas se você buscar sua vida de oração ao longo do tempo, deve haver um equilíbrio adequado da esfera completa de todas as expressões de adoração.

Oração e Adoração no Novo Testamento

Agora eu quero pegar este princípio e aplicá-lo de uma maneira tal que o seu coração seja encorajado. Eu interagi com muitas pessoas que estudaram a Bíblia extensivamente sobre as questões do louvor e da adoração e elas frequentemente expressam este tipo de sentimento: "Eu queria que o Novo Testamento tivesse mais a dizer a respeito do louvor e da adoração. Parece que temos que ir até o Velho Testamento tantas vezes para aprender sobre louvor e adoração. Por que o Novo Testamento não diz mais sobre isso?" A revelação principal sobre adoração na Bíblia está em João 4.23-24 e até desta as referências ao louvor e a adoração no Novo Testamento parecem ser bem poucas e esparsas.

Até agora. Sabemos que o Novo Testamento tem muito a dizer sobre oração. Mas se a "oração" é muitas vezes usada inclusivamente para descrever louvor e adoração também, então não poderíamos sugerir que "louvor e adoração" são discutidos frequentemente no Novo Testamento sob a bandeira de "oração"? Vamos conferir.

11. Orações de Louvor

Atos 2.42 registra um evento quádruplo da igreja do Novo Testamento: "E perseveravam na doutrina dos apóstolos, na comunhão, no partir do pão e nas orações." Vemos que uma das "quatro grandes" ênfases era "orações". Agora, eu não posso imaginar aqueles primeiros crentes sentados em círculos, fazendo pedidos de orações, orando pelas necessidades uns dos outros e depois indo para casa. Eles simplesmente devem ter tido momentos de louvor exuberante e adoração também! A palavra "oração" quer dizer exatamente isso. Temos que ver a Igreja do Novo Testamento em perspectiva – louvor e adoração era uma de suas atividades básicas.

Atos 6.4 dá o foco duplo dos apóstolos: "Quanto a nós, perseveraremos na oração e no ministério da palavra". Mais uma vez, "oração" no sentido geral é usado aqui. Os apóstolos eram comprometidos em priorizar o louvor, a adoração, ações de graças, a intercessão – todas as formas de oração – em suas vidas diárias. Eu posso até ouvir Pedro dizendo, "Se o boletim não ficar pronto, se eu não puder fazer todas as visitas ao hospital esta semana, se eu não retornar todas as ligações, disso eu sei: Acima de todas as coisas, eu preciso ter tempo diante de Jesus, para adorá-Lo, para cultuá-Lo, para clamar a Ele, para estar com Ele". Este foi e continua sendo uma prioridade absoluta para todos os líderes de igreja.

Louvor e Adoração, E Jesus

Agora podemos levantar outra questão intrigante: por que os Evangelhos registram tão pouco de Jesus expressando-Se em louvor e adoração? Se você já fez esta pergunta, eu acredito que você entenderá a minha tese neste capítulo, porque a vida de Jesus era cheia de louvor e adoração. Os Evangelhos registram muitas vezes as expressões de louvor e adoração.

Quando os escritores do Evangelho descrevem a vida de oração de Jesus, frequentemente O vemos indo para um lugar isolado para orar sozinho. Eu tenho uma imaginação gráfica, então imediatamente vejo Jesus nos lugares desertos e solitários onde Ele está orando. A imagem que a minha mente pinta é minha própria criação, mas deixe-me descrevê-la para você de qualquer maneira, pois você pode até ter imaginado algo semelhante a este quadro estereotipado: Jesus está orando; sua capa é branca como a neve (não sei porque, já que ele está numa parte muito seca e empoeirada do mundo, mas assim mesmo é super branco); Ele está sentado e a sua roupa balança e cobre os pés Dele; bem à Sua esquerda há uma pedra (quantos podem ver uma pedra?); um alo quase visível brilha lindamente sobre Sua cabeça; Suas mãos estão dobradas; e ele está orando gentilmente, quase num sussurro. Consegue imaginar isso? E Jesus está dizendo: "Pai, abençoe o meu dia. Me ajude a ensinar meus discípulos da maneira correta. Me guarde do mal. Dê-me forças para os desafios de hoje. Amém."

Amado, eu acho que esta imagem de Jesus orando está muito longe da realidade. Quando Jesus orava, Ele fez muito mais do que apresentar seus pedidos e petições. Ele também exultou com grande alegria, enquanto se deleitava no Seu Pai. Ele adorava aberta e desinibidamente, erguendo Sua voz em adoração e glória. Quando Jesus falava com Seu Pai, saíam fagulhas. Havia tanta efervescência em Seu relacionamento com o Pai que os discípulos o importunaram para ensiná-los como orar da mesma maneira.

A adoração é baseada no relacionamento. Quanto mais você conhece a Deus, mais profunda será a sua adoração. E ninguém conhece o Pai como Jesus. Ele era o maior adorador de todos os tempos.

As Expressões de Oração de Jesus

Pessoalmente, eu acredito que uma razão pela qual Jesus orbitava na direção de lugares solitários para orar era porque lá Ele era capaz de "deixar tudo em suspenso". Lá Jesus dava força total à paixão do Seu coração e alma, empregando todo o espectro de expressões de oração. O escritor de Hebreus capturou este elemento na vida de oração de Jesus: "Ele, Jesus, nos dias da sua carne, oferecendo, com grande clamor e lágrimas, orações e súplicas ao que o podia livrar da morte, foi ouvido quanto ao que temia" (Hb 5.7). A vida de oração de Jesus incluía choro, lágrimas, volume – uma gama de expressões.

Para que nossas vidas de oração sejam completas e equilibradas, como Jesus devemos aplicar a gama completa de orações – da intercessão ao regozijo, do choro ao riso, do louvor à adoração, da dança ao ficar de joelhos, do grito à meditação silenciosa.

Alguém disse "Bem, Jesus nunca dançou!" Ah, é? A Bíblia nos diz que Jesus foi ungido com uma medida de alegria maior do que qualquer de nós jamais conheceu (Hb 1.9). Como você acha que Jesus podia ter esmagado toda aquela alegria? Eu não consigo imaginar Jesus dizendo: "Eu não dançarei, eu não dançarei; não, eu sou o Messias, não posso perder o controle; controle-se; então, controle-se, segure-se; Você tem que reprimir esta alegria, eles estão olhando para você". Jesus não tinha os problemas de personalidade que atormentam a mim e a você. Ele era totalmente livre para ser Ele mesmo, totalmente livre para expressar a Si mesmo inocente e autenticamente na presença do Seu Pai. Jesus dançou? Talvez sua imagem mental precise de um certo ajuste.

Por que Jesus teria um problema com dançar como expressão de louvor e depois se voltaria para nós e daria a ordem para dançarmos? "Regozijem-se neste dia e saltem de alegria" (Lc 6.23 – NVI). Você não entende que Jesus era a incorporação perfeita dos Salmos?

Veja isso

Este capítulo ficaria longo demais se eu gastasse tempo aqui para mostrar como a palavra oração no Novo Testamento abre novas variações da verdade gloriosa quando vista como uma descrição do espectro completo de expressões multifacetadas. Mas eu gostaria de atiçar seu apetite, para que você possa continuar tal estudo você mesmo.

Não se esqueça de estudar o chamado das Escrituras Sagradas que diz: "sede sóbrios e vigiai em oração". Estar alerta é um elemento importante em todas as formas de oração. De acordo com Colossenses 4.2, a ação de graças também deve acompanhar cada expressão de adoração.

Olhe de perto para Tiago 5.16, "A oração feita por um justo pode muito em seus efeitos." Medite nas deliciosas possibilidades destas aplicações: "A *oração* feita por um justo pode muito em seus efeitos." "A *adoração* feita por um justo pode muito em seus efeitos". "O *trabalho* feito por um justo pode muito em seus efeitos". As mesmas aplicações podem ser feitas quando olhar para outras traduções. Barclay afirma isso dizendo que "A oração de um homem bom, quando posta para funcionar, é muito poderosa". Talvez a melhor tradução deste verso seja "A súplica de um justo pode muito na sua atuação." (Almeida Revisada Imprensa Bíblica)

Tiago 5.16 usa a palavra grega "energeo", "trabalhar" de onde tiramos a palavra "energia". Tiago está literalmente dizendo, "A sua adoração é energia com Deus. Seus louvores vão trabalhar". O livro de Apocalipse nos ensina que nossas orações têm um efeito cumulativo diante de Deus. De acordo

11. Orações de Louvor

com Apocalipse 8.3-5, nossas orações são colecionadas em um incensário e Deus aparece no momento certo e ordena a um de seus anjos, "Pegue aquele incensário de orações e jogue-o de volta à terra". Quando este incensário atingir a terra haverá uma explosão, trovões e relâmpagos e um terremoto. Esta é a imagem de uma oração respondida. Mesmo que pareça que suas orações não tenham nenhuma energia com Deus, não desista; continue preenchendo seu incensário de orações no céu. Um dia, anos de orações acumuladas serão trazidas à luz em um momento sobre um certo desafio e uma vitória gloriosa subitamente será manifesta. O que um marido não crente fará quando Deus bater na cabeça dele com vinte anos de orações fiéis de uma esposa?

Eu realmente não tenho espaço aqui para perseguir mais este assunto. Eu espero sinceramente que você aplique esta "chave" a um entendimento renovado de oração, louvor e adoração no Novo Testamento.

Adoração e Intercessão

Por muito tempo separamos a oração do louvor e a adoração da intercessão. Uma coisa que Deus está fazendo claramente no corpo de Cristo hoje é despertar um novo entendimento de como usar o louvor e a adoração para fortalecer a intercessão.

Nos últimos anos, Deus tem usado muitos ministros para chamar o corpo de Cristo à oração. Visite a livraria cristã local e olhe para todos os recursos e acessórios de oração. Eles provavelmente gastam uma seção inteira – livros sobre oração, livros de exercícios diários de oração, calendários de oração, quadros de oração, registros de oração, áudios sobre oração, vídeos ensinando a orar, tapetes para oração de joelhos, despertadores de oração, post-its de oração. É o céu do guerreiro de oração.

Deus também está chamando o corpo de Cristo para um foco renovado sobre louvor e adoração. Vá na livraria e confira a seção de louvor e adoração. Eles têm livros sobre adoração, livros de exercícios sobre adoração, vídeos sobre adoração, áudios com ensinos sobre adoração, áudios de adoração, CDs de louvor, folhas para o líder de adoração, camisetas de louvor, vídeos de louvor para crianças, pandeiros, bastões de louvor, bazucas de louvor, chicletes de louvor, livros de pintura de louvor e adoração...

Estou brincando com isso, mas Deus realmente mudou o rosto de Sua Igreja nos últimos anos através das vozes que nos chamam ao louvor e à adoração. Mas um dia o Espírito falou claramente ao meu coração que não havia dois sons ecoando (embora a oração e o louvor sejam distintos um do outro). A trombeta está fazendo apenas um som. O Espírito está chamando para uma coisa nesta hora – homens e mulheres cujos espíritos estejam prontos na direção da Sua face.

Capítulo 12

Os Sabores da Adoração

Quando estamos frente a frente com Ele, o Senhor deseja que nossa adoração seja diversificada e multifacetada, de acordo com as muitas expressões de adoração apresentadas nas Escrituras.

A adoração é como uma joia de muitas faces, brilhando em muitas direções simultaneamente. Há muitos humores, elementos, ou o que eu gosto de chamar de "sabores" da adoração. Assim como um arco-íris só é completo quando todas as cores estão presentes, assim a vida de adoração de uma congregação local é equilibrada somente quando a diversidade completa dos sabores está presente nas expressões da adoração coletiva de uma igreja. Neste capítulo, eu gostaria de listar oito sabores da adoração que são necessários se desejamos expor os adoradores à gama total de maneiras bíblicas de nos expressarmos diante de Deus. Estes sabores da adoração são também apropriados para nossos momentos pessoais com Deus.

Exaltação

Com mãos e corações estendidos, ansiamos exaltar e magnificar a grandeza do glorioso Deus e Pai de nosso Senhor Jesus Cristo. Canções como "Te Exaltamos" e "Nosso Deus é Poderoso" nos dão o vocabulário para exaltar a Sua majestade. A exaltação é, na verdade, a tônica da adoração do céu.

Algumas igrejas ainda têm que aprender como entrar na adoração coletiva. Quando as palmas param e os pandeiros são abaixados, é como se não sobrasse nada mais. Debaixo do barulho, tudo é realmente vazio. Em tais casos, esta igreja precisa aprender a profundidade da adoração.

Quando magnificamos ao Senhor, não estamos fazendo o Senhor maior do que Ele já é. Mas pense numa lente de aumento. Quando magnificamos ao Senhor, estamos ganhando um foco mais agudo de quem Ele é.

Deus não é um egocêntrico que senta no céu esperando que o estimulemos. Deus é exaltado acima dos céus, quer reconheçamos ou não. Ele não precisa ser exaltado – precisamos exaltá-Lo. Mas você não pode exaltar o Senhor e manter sua "dignidade". A única maneira de exaltar o Senhor e humilhando a si mesmo.

Intimidade

Jesus veio para nos levar de volta ao coração do Pai. A adoração é a linguagem do amor, a generosa afeição dos santos redimidos que se apaixonaram cegamente por Jesus. Compositores ungidos nos deram muitas canções que ajudam a expressar nosso amor pelo Senhor: "Leva-me Além", "Eu te amo, ó, Deus" e muitas outras.

12. Os Sabores da Adoração

Talvez a grande acusação contra a Igreja Americana é que deixamos nosso primeiro amor. A antítese do amor não é o ódio é a apatia. Vivendo no conforto da nossa sociedade, eu acho que preciso continuamente fugir das tentações prejudiciais da apatia e da letargia. Somos chamados para sermos ardentes em nosso amor por Cristo, para caminhar entre as pedras afiadas da presença imediata de Deus em nossa ministração ao Altíssimo (veja Ezequiel 28.14). Você já se apaixonou por Jesus outra vez hoje?

Embora eu aprecie a doçura da intimidade com Jesus, deixe-me apontar que este é somente um dos oito sabores. Alguns grupos focaram nas canções doces de intimidade quase excluindo qualquer outro sabor. A intimidade ganha maior significado quando posicionada perto de alguns dos outros sabores necessários da adoração, tais como o próximo – celebração.

Celebração

É hora da festa, igreja! Toda força à frente, celebrem o Salvador ressurreto! Aqui eu acho canções como "Celebrai" e "Tempo de Festa". Louvar é levantar uma bandeira sobre um grande Deus. Como eu ouvi um irmão dizer é "ficar doido" por Jesus.

A ainda assim algumas igrejas não sabem como celebrar. Talvez a grandeza de sua salvação não os tenha impactado ainda. Paulo orou assim: "tendo iluminados os olhos de vosso entendimento, para que saibais qual é a esperança da sua vocação, quais são as riquezas da sua herança nos santos e qual é a suprema grandeza do seu poder em nós, os que cremos, segundo a operação da força do seu poder" (Ef 1.18-19). Entre neste espírito e vamos celebrar!

Alguém disse, "Vamos nos acalmar um pouco. Não queremos assustar aqueles que podem não entender." Ouçam, amigos: enquanto a iniquidade cresce ao nosso redor, precisamos do poder que vem do regozijo no Senhor. Irmão, é melhor você aprender a celebrar – nestes últimos dias será uma questão de sobrevivência.

E agora uma palavra de equilíbrio. Os adoradores precisam ser sensíveis à "dinâmica corporativa" quando na congregação. Há um tempo para celebração e também um tempo para reverência silenciosa. Não celebre de uma maneira que a atenção recaia sobre você. Aprenda a celebrar como todo mundo, e também aprenda a desacelerar quando o clima do culto mudar.

Proclamação

Este pode ser um dos sabores mais mal interpretados da adoração. Na proclamação, estamos declarando a grandeza e a bondade de Deus ao ouvir de terceiros. Canções como "Grande É o Senhor" e "Somente há um Deus assim" são como anúncios cantados, proclamando a qualquer um que puder ouvir o que pensamos sobre Jesus. Um poder incrível é liberado num culto simples na proclamação do nome do Senhor. Quando cantamos canções como "Ele vem pra te salvar", nosso canto transcende a música e torna-se um reforço do domínio do reino.

O Salmo 66.8 nos admoesta, "fazei ouvir a voz do seu louvor". Não é louvor até que seja verbalizado. Não foi há muito tempo que estávamos ensinando nosso filho mais novo Michael a usar o vaso sanitário. Se tivéssemos apenas pensamentos agradáveis quando ele produzia no vaso, não teríamos chegado a lugar nenhum. Você tinha que ter-nos ouvido – aplaudimos, torcemos, gritamos. Isso sim é louvor!

Alguém disse "Vamos parar de cantar canções sobre Jesus e cantar canções para Jesus". Mas é igualmente bíblico cantar sobre Jesus. Paulo nos exorta: "Falai entre vós com salmos, hinos e cânticos espirituais, cantando e salmodiando ao Senhor

12. Os Sabores da Adoração

no vosso coração" (Ef 5.19). Os israelitas recitavam diariamente uns para os outros esta declaração sobre o Senhor: "O Senhor é bom e a Sua misericórdia dura para sempre".

Com tantas canções novas sendo escritas e disponíveis à Igreja hoje, é muito importante as canções que escolhemos para cantar na congregação. As canções que escolhemos determinam que verdades declararemos a respeito do Senhor. Em última análise, as coisas que dizemos sobre o Senhor em nossas canções tornam-se as coisas que são mais lembradas e abraçadas por adultos e crianças também.

Não é adequado fechar seus olhos em algumas canções. Tente fazer o seguinte: abra seus olhos, vire-se para alguém e cante para ele os altos louvores de Deus!

Guerra

A Bíblia nos chama de exército, e um menu balanceado de adoração deve incluir o sabor da guerra. Canções como "A Batalha Pertence ao Senhor" e "O Exército de Deus" elevam a Igreja para um lugar de prontidão para a batalha.

Você já notou que as camisetas cristãs para adolescentes estão cada vez mais radicais? Eu acho que os líderes da juventude entenderam uma coisa: quanto mais óbvia e predominante a iniquidade, mais nossas crianças precisam de militância para sobreviver. O diabo está aumentando o calor porque ele sabe que seu tempo é curto, então a Igreja que o esmagará nesta hora deve também aumentar o calor.

Sim, pode haver uma ênfase demasiada também. A guerra é um dos oito sabores. É possível tornar-se uma igreja desequilibrada, com um assunto só. A guerra incessante todo domingo é cansativo. Mas não se engane, há uma grande ênfase da parte do Espírito Santo sobre a guerra da adoração.

Profético

A adoração de muitas faces tem que incluir um sabor profético. Chega um momento num culto quando o espírito da adoração traz a fagulha e acende a chama das afirmações proféticas numa congregação.

Assim como uma harpa melodiosa acalmou a indignação de Elias e acendeu seu dom profético (veja 2 Reis 3.1-20), assim o ministério dos músicos ungidos pode inspirar o espírito de profecia entre o povo de Deus.

Um culto de adoração nos dá uma tremenda satisfação ao expressar nossas afeições a Deus. E então o pastor diz, "podem assentar-se". Eu consigo visualizar Deus sentado na beira do Seu trono, com alguma coisa na ponta da língua, mas, ah, é hora dos anúncios. Ele não teve a satisfação de compartilhar Seu coração conosco. Mas essa é a essência da adoração profética: comunicação de duas vias.

Uma maneira tremenda de encorajar o sabor profético é através do uso de "canções espirituais" (Cl 3.16). Tocando acordes simples e repetitivos, os músicos podem prover a atmosfera necessária para canções espontâneas, improvisadas, direto do coração que carregam o ímpeto profético do Espírito.

Súplica

Deus está nos chamando a alargar nossa adoração para incluir os sabores de petição e intercessão. O Espírito inspirou muitas canções nesta hora que são, na verdade, orações de súplica, com exemplos como "Brilha, Jesus" e "Aquieta minha Alma e "Dá-me um Coração Igual ao Teu".

Jesus declarou, "minha casa será chamada casa de oração" (Mateus 21.13), e ainda muitos poucos cultos de adoração

12. Os Sabores da Adoração

incluem um elemento de súplica ou intercessão. Pense nisso, quando sua igreja se reúne, você fica ativamente envolvido na adoração coletiva?

Ocasiões Especiais

"Ocasião especial" é o termo que eu escolhi para o oitavo sabor pela falta de um termo melhor, eu acho. Estou falando aqui dos tipos de canções que cantamos em épocas especiais do ano, tais como Natal, Páscoa e Ação de Graças.

Eu também traria sob este título os tipos de canções que cantamos durante apelos – canções de consagração como "Eu jamais serei o mesmo".

A Centralidade de Toda Adoração: Jesus

Enquanto você revê os oito sabores que abrangem um menu balanceado de adoração para as igrejas locais, eu gostaria de lembrar você que o foco central de toda a adoração é o Senhor Jesus. Ele é o eixo ao redor do qual tudo gira.

As pessoas me perguntam "O que você acha que é a coisa 'nova' que Deus está dizendo ao Corpo de Cristo na área da adoração?" Correndo o risco de soar simplista, eu diria "Jesus, Jesus, Jesus". Ele é o Alfa e o Ômega de toda a adoração. Afaste o foco de Jesus e você se afastará do centro.

Que o Senhor nos capacite enquanto passamos tempo em adoração, para sermos abertos e expressemos todos os sabores da adoração, com equilíbrio adequado, com a face do próprio Senhor Jesus sendo o foco todas as vezes. Amém.

Parte 4
À Sua Imagem e Semelhança

Capítulo 13

Adote uma Autoimagem Divina

"Porque, pela graça que me é concedida, digo a cada um dentre vós que não saiba mais do que convém saber, mas que saiba com moderação, conforme a medida da fé que Deus distribuiu a cada um" (Romanos 12.3).

Esta é, talvez, a instrução mais clara de toda a Bíblia em um único verso, sobre como deveríamos nos enxergar. A palavra moderação expressa "equilíbrio, seriedade, disciplina, autocontrole, uma mente sadia". Este versículo nos exorta, portanto, a pensar adequadamente, moderadamente, de forma equilibrada e saudável. Estes versos carregam um duplo conselho, para que não pensemos muito de nós mesmos (orgulho), e que também não nos menosprezemos (insegurança).

Ninguém Me Ama, Todos Me Odeiam

Às pessoas têm um grande autoconhecimento, hoje em dia. E por isso temos uma infinidade de academias esportivas, comida saudável, plásticas no rosto, abdominoplastia, lipoaspiração, dietas, bicicletas ergométricas etc. Os americanos estão buscando por uma autoimagem positiva, religiosamente.

Uma mulher levanta pela manhã, caminha até o espelho e diz, "Bom dia, Feiosa!". Não gostamos do nosso peso, do nosso aspecto, ou das proporções de nossas características físicas. Não estamos satisfeitos com a nossa personalidade, desejamos ter um Q.I. mais alto, e não conseguimos ganhar dinheiro suficiente para comprar a casa que queremos.

Mesmo as pessoas que têm muito, estão insatisfeitas. Uma ex-Miss América, quando questionada por seu marido sobre o que gostaria de mudar, se pudesse; imediatamente fez uma lista de várias características físicas com as quais ela se sentia infeliz. Muitas pessoas lutam com sentimentos de inferioridade, sejam eles reais ou imaginários.

Algumas pessoas, entretanto, tentam lidar com desafios ainda maiores. Milhões carregam as cicatrizes de graves abusos mentais, emocionais, sexuais ou físicos. Muitos lutam para bloquear as palavras atormentadoras que parecem selar seus destinos: "Você é igualzinho ao seu pai". "Por que você é tão burro?". "Você nunca vai ser nada na vida".

Outros só desejam terem tido pais. Mas ao invés disso eles cresceram em lares adotivos, sendo transferidos de um guardião para outro. Ou talvez seus pais tenham se divorciado, deixando uma ferida emocional que ainda está aberta e sensível. Ninguém quer falar do problema que é real e devastador. A maioria das pessoas está lutando, em algum nível, com sua autoimagem.

O Diagnóstico

O mundo já nos deu o seu diagnóstico. "O problema", dizem os psiquiatras, "é que você tem baixa auto-estima". Então, o que podemos fazer sobre isso? Precisamos aumentar nossa auto-

13. Adote uma Autoimagem Divina

-estima, é o que nos dizem, através da crença de quão maravilhosos nós somos.

"Você tem um brilho divino em você!".

"Você é maravilhoso – apenas acredite em si mesmo!".

"Você pode construir o seu próprio mundo!".

"Almeje o topo. Você tem o que é necessário!".

E assim, conselheiros e terapeutas estão fazendo hora extra para doutrinarem seus pacientes nos princípios do humanismo. Contudo, existe um único problema – isso não está funcionando.

Psicologia versus Teologia

A explosão da psiquiatria e da psicologia neste século deu origem a um debate muito controverso e acalorado dentro da Igreja. Alguns líderes cristãos veem avanços, pesquisas e descobertas da psicologia, como efetivamente servindo aos propósitos da Igreja, enquanto outros os enxergam indo contra os ensinamentos da Bíblia.

Eu vou citar vários líderes cristãos importantes neste capítulo, alguns com os quais eu concordo e outros com os quais discordo neste assunto. Eu respeito cada um deles e não vou mencionar seus nomes para depreciar de alguma forma a validade de seus ministérios. Porém, vou mencionar seus nomes a fim de ajudar você a entender a intensidade desta controvérsia no Corpo de Cristo.

Bill Gothard disse: "O maior problema dos jovens nesta nação é uma autoimagem ruim". James Dobson, um defensor desta área, escreve, "De todos os problemas que as mulheres têm, o número um da lista, que causa depressão, solidão e um grande vazio, é a baixa autoestima". Em seu livro, *Hide or Seek*[12], Dr. Dobson, continua a dizer:

De maneira real, a saúde de toda uma sociedade depende da facilidade com a qual seus membros individuais podem ganhar aceitação pessoal. Deste modo, quando as chaves da autoestima estão aparentemente fora do alcance para uma grande porcentagem das pessoas, como na América do século vinte, então espalham-se a "doença mental", o neuroticismo, ódio, alcoolismo, uso de drogas, violência; e a desordem social que certamente ocorrerá. O seu valor pessoal não é algo que os seres humanos estão livres para pegar ou largar. Nós temos que tê-lo, e quando ele é inalcançável, todos sofrem.

Robert Schuller, que acredita que teólogos e psicólogos precisam aprender uns com os outros, sugeriu que alguns de nós precisamos rever nossa teologia a fim de integrar a ela, algumas das descobertas científicas dos psicólogos.

É como se Deus estivesse no céu, e enquanto observava Freud trabalhar, desse um tapa na testa e exclamasse: "Eu deveria ter pensado nisso! É péssimo que eu não tenha incluído isso na Bíblia".

Uma premissa fundamental de minha posição neste capítulo é que Deus não foi instruído pelas descobertas dos psiquiatras. Deus colocou em Sua palavra revelada, a Bíblia, tudo o que precisamos saber para termos uma vida santa em Cristo Jesus (2Pedro 1.3). A Psicologia não tem que moldar o nosso entendimento da Bíblia, a Bíblia é que tem que julgar cada suposição da Psicologia.

A Psicologia é o estudo do velho homem. O melhor que os psicólogos podem fazer é analisar, diagnosticar e atribuir rótulos. "Você é maníaco depressivo". "Você é esquizofrênico". Eles podem ser capazes de avaliar seu problema e ajudá-lo a entender por que você é do jeito que é; mas são relativamente

---

[12] N.T.: *Procure ou Esconda* (Tradução Livre). Obra não disponível em português.

13. Adote uma Autoimagem Divina

incapazes de auxiliá-lo a lidar com as raízes de seus problemas ou trazer a cura definitiva. No mínimo, eles podem ajudá-lo a lidar com isso.

Ama-Te a Ti Mesmo

Há um ensinamento frequente na Igreja de hoje que é o de que devemos amar a nós mesmos. Se carecemos de amor próprio, eles dizem, então devemos nos empenhar em aumentar nosso amor por nós mesmos.

A base para este ensinamento vem, mais frequentemente, da interpretação incorreta de Marcos 12.28-31:

> *Aproximando-se dele um dos escribas que tinha ouvido a discussão entre eles, sabendo que lhes tinha respondido bem, perguntou-lhe: Qual é o primeiro dos mandamentos? Jesus respondeu-lhe: O primeiro dos mandamentos é: Ouve, Israel, o Senhor, nosso Deus, é o único Senhor. Amarás, pois, o Senhor, teu Deus, de todo o coração, de toda a alma, de todo o entendimento e de todas as forças. Este é o primeiro mandamento. O segundo, semelhante a este, é: Amarás teu próximo como a ti mesmo. Não há outro mandamento maior do que estes.*

O raciocínio é o seguinte: para poder amar o meu próximo, primeiro eu tenho que amar a mim mesmo. Se eu não me amar, sou incapaz de amar meu próximo de forma adequada. Além disso, de acordo com o autor cristão Walter Trobisch, não existe amor próprio inato no ser humano. O amor próprio ou é adquirido ou inexistente. Portanto, se vou cumprir o mandamento de Jesus para amar o meu próximo, eu tenho primeiro que empenhar-me energicamente em amar a mim mesmo. O amor próprio se torna um pré-requisito para servir ao nosso próximo. Como disse certo líder, "Amar a nós mesmos é uma ordem com uma classificação de importância próxima a de amar a Deus".

O problema deste ensinamento é que ele tem origem em Friedrich Nietzche (o pai de *"Deus está morto"* – Filosofia), e depois desenvolvido pelo psicólogo Erik Fromm.

Eu convido você a olhar novamente para o ensinamento de Jesus nesta passagem. Jesus não estava ordenando o amor próprio, Ele estava dizendo: "Você já tem que realmente amar a si mesmo. Você nasceu com isso. Agora ame ao seu próximo dessa mesma forma". Eu tive o privilégio de assistir meus três filhos virem ao mundo. A primeira coisa que um recém-nascido faz é berrar, e você sabe o que o bebê está pensando, "Estou aqui! Estou com frio! Estou com fome! Não gosto do que você está fazendo comigo!". Desde o momento do nosso nascimento somos consumidos com amor próprio.

O apóstolo Paulo confirmou isso quando escreveu, "Porque nunca ninguém aborreceu a sua própria carne" (Efésios 5.29). Seja honesto e admita: "Eu me amo".

"É pecado eu me amar?" Não. É o amor próprio que estimula você a se vestir, a se alimentar, as escovar os dentes, e a usar desodorante. E todos somos muito agradecidos por você se amar! Ao invés de usar o amor próprio com o foco em nós mesmos, Jesus nos instruiu a redirecionar essa energia para fora no amor aos outros. "...e mesmo diante da morte, não amaram a própria vida" (Apocalipse 12.11).

Alguém pode dizer, "Ah, mas eu realmente já me odeio! Olhe essa minha cara feia, olhe esses quadris horríveis! Eu não me suporto!". Na verdade, você se ama. E se ama muito. Você se ama tanto que está aborrecido sobre as circunstâncias que tem lhe envolvido. Se realmente se odeia, por que está tão chateado com as circunstâncias? Se você se detesta, deveria estar feliz de ser feio!

Mais alguém pode argumentar, "Mas e sobre as pessoas que cometem suicídio? Certamente eles têm que se odiar se

13. Adote uma Autoimagem Divina

desejam se matar". Eles podem odiar as circunstâncias, ou eles podem odiar como as pessoas reagem a eles, mas se amam. Se amam tanto que querem se libertar do trauma de viver diariamente. O suicídio é a demonstração definitiva do amor próprio.

Quando Paulo escreveu a Timóteo, ele disse que as coisas ficariam realmente muito ruins nos últimos dias. Para enfatizar o quão ruim seria, ele iniciou a descrição dos últimos dias com este aviso: "Porque haverá homens amantes de si mesmos" (2 Timóteo 3.2). O movimento do amor próprio desta geração evidencia que estamos vivendo os últimos, dos últimos dias.

Perdoa-Te a Ti Mesmo

Outro ensinamento que é comumente ouvido nos ambientes cristãos atuais, é a ideia de que algumas vezes precisamos perdoar a nós mesmos. Foi-nos dito que algumas pessoas não encontraram uma libertação espiritual completa porque não foram capazes de se perdoarem pelos pecados do passado.

Todavia, nem uma vez a Bíblia jamais nos direcionou para perdoarmos a nós mesmos. Simplesmente não é um conceito bíblico. A Bíblia parece indicar que o único perdão que eu realmente preciso é o perdão de Deus, ou de um irmão ou de uma irmã.

As pessoas que dizem que não podem perdoar a si mesmas estão abrigando secretamente nada menos que o pecado do orgulho. Eles estão dizendo, "Não posso acreditar que eu fiz isso! Que coisa idiota para se fazer. Sei que sou melhor do que isso. Não consigo me recuperar do fato de ter feito isso, especialmente considerando que sou capaz de algo muito melhor".

Meu amigo: Você é capaz de cometer os piores pecados que se possa imaginar. É somente pela graça de Deus que você não fez algo pior. Reconheça a maldade do seu coração, reconheça que a misericórdia de Deus lhe impediu de fazer algo ainda pior, e venha a Deus para receber Seu perdão. Se você receber o poder purificador do sangue de Jesus, seus pecados serão limpos para sempre, e você estará completamente livre para permanecer em Sua presença.

Arrependimento

Uma das razões por que os psicólogos odeiam o evangelho é por que sua mensagem de arrependimento é radicalmente oposta aos ensinamentos deles. O verdadeiro arrependimento *destrói* nossa autoimagem. O arrependimento reconhece o que Deus diz sobre nós, e em total quebrantamento grita: "Eu não sou nada! Sou um tolo pecador. Oh, Deus, por favor me ajude!". Ele quer que você reconheça sua absoluta pobreza, para que Ele possa fazer de você uma pessoa inteiramente nova, com uma chance de vida totalmente nova.

Você não pode se arrepender verdadeiramente até que veja a si mesmo como Deus o vê. A grande questão é, "Como Deus me vê?". Alguns líderes cristãos estão respondendo esta questão desse jeito: "Todo ser humano é uma pessoa de grande valor e dignidade". "Nós somos algo lindo que Deus fez. Somos algo extraordinário que Ele planejou". "O ser humano é uma criatura digna, gloriosa com valor infinito". "Deus quer que vejamos a nós mesmos como uma dádiva para o mundo".

Em contraste a isso, veja o que a Bíblia diz a nosso respeito:

Viu o Senhor que a maldade do homem se multiplicara sobre a terra e que toda a imaginação dos pensamentos de seu coração era má continuamente. (Gênesis 6.5)

O Senhor olhou dos céus para os filhos dos homens, para ver se havia algum que tivesse entendimento e buscasse a

13. Adote uma Autoimagem Divina

Deus. Desviaram-se todos e juntamente se fizeram imundos; não há quem faça o bem, não há um sequer. (Salmo 14.2-3)

Enganoso é o coração, mais do que todas as coisas, e perverso; quem o conhecerá? (Jeremias 17.9)

Ele vos vivificou, estando vós mortos em ofensas e pecados, nos quais anteriormente andastes, segundo o curso deste mundo, segundo o príncipe da potestade do ar, do espírito que agora opera nos filhos da desobediência, entre os quais todos nós também antes andávamos nos desejos da nossa carne, fazendo a vontade da carne e dos pensamentos; e éramos por natureza filhos da ira, como os outros também. (Efésios 2.1-3)

É falso o ensinamento que diz que Cristo morreu por nós por causa do nosso grande valor. Deus não enviou Seu Filho à terra por que Ele não podia ajudar a Si mesmo. Não, a cruz é uma expressão da graça infinita e da misericórdia do nosso Pai, que enviou Seu Filho para morrer por nós enquanto nós ainda éramos pecadores (Romanos 5.8). Deus nos redimiu para que nós possamos ser uma demonstração da sua glória (Efésios 2.6-7). Lutero disse: "Deus não nos ama por que somos valiosos; somos valiosos por que Deus nos ama".

O que nos torna valiosos para Deus é o sacrifício de Cristo. Somos tão valiosos para Deus quanto o preço que Ele pagou por nós. Por mais incrível que isto pareça, somos a recompensa de Deus pelo preço pago por Seu filho. É por isso que os Morávios[13] carregam esse lema: "Para dar ao Cordeiro a recompensa por Seu sacrifício".

---

13 N.T.: Denominação protestante que começou no século XV na Boêmia, hoje República Checa. O seu nome oficial é UNITAS Fratrum, que significa Unidade de irmãos.

A Perspectiva Divina

Não gostamos de pensar que somos completamente pecaminosos, contudo, o verdadeiro arrependimento concorda com a avaliação de Deus sobre a nossa condição. Sem a avaliação objetiva de Deus, não teríamos ideia da nossa verdadeira perversidade.

Para ilustrar: você já ficou dentro de uma sala ou escritório pequeno por um longo período de tempo? O ar da sala parece normal para você, mas quando alguém vindo do lado de fora entra na sala, levanta o nariz e fala, "Está abafado aqui!". Por causa do seu confinamento, você está alheio ao cheiro abafado da sala. De maneira semelhante, o homem cheira a pecado, mas está tão acostumado com ele para perceber o fedor em que está vivendo. Precisamos que Deus venha do lado de fora, e nos diga: "Seu pecado fede".

Use a Linguagem Bíblica

Eu gostaria de conscientizar você sobre importância de usar a linguagem bíblica, quando se diagnostica o problema de alguém. Encontre uma forma de descrever a condição da pessoa com uma terminologia bíblica. Quando você tenta fazer isso com uma linguagem não bíblica, está começando a andar sobre gelo fino.

É perigoso dizer a alguém, "Seu problema é baixa auto-estima", por que este termo não é encontrado em nenhum lugar da Bíblia. No entanto, sabemos que as pessoas lutam com problemas muito reais. E se o problema não é a "baixa auto-estima", então o que é?

Biblicamente, o problema é o orgulho e a incredulidade. Obviamente, precisamos de sabedoria para levar esta mensagem para alguém, mas em última análise, o crente com uma

13. Adote uma Autoimagem Divina

autoimagem pobre está, na verdade, lutando contra o orgulho e a incredulidade.

Orgulho

O orgulho é uma doença do ser humano. A maioria das pessoas tem uma tendência natural a pensar mais de si mesmo do que deveria. Vou usar somente três exemplos para ilustrar.

- Dois médicos estudaram mais de 200 criminosos, e descobriram que cada um deles achava que era basicamente uma boa pessoa, mesmo quando planejava um crime.

- Em um estudo, 94% do corpo docente de uma universidade avaliaram suas habilidades de ensino como "acima da média". Não sei qual a média de um professor, mas 94% deles se consideraram superiores a ela.

- A revista TIME (5 FEV, 1990) publicou um teste de matemática dado a uma faixa etária 13 anos, de seis países diferentes. Os estudantes da Coreia do Sul obtiveram os melhores resultados, e os americanos os piores. Ao mesmo tempo, foi pedido que eles avaliassem como tinham se saído. Entre os Coreanos, poucos achavam que eram bons em matemática, enquanto os americanos tiveram a maior porcentagem de estudantes que acreditavam ser bons em matemática. Uma situação típica da natureza humana orgulhosa: os piores estudantes pensavam que eram os melhores.

Incredulidade

Talvez um dos pecados mais comuns entre os cristãos seja este: Não acreditamos no que Deus diz a nosso respeito. Temos crido mais em nossas próprias habilidades do que nas habilidades de Cristo através de nós. Se verdadeiramente acreditássemos no testemunho da Bíblia a respeito do que Cristo fez em nós, não lutaríamos nem mais um momento com algo que remotamente se assemelhasse a baixa auto-estima.

Deus quer que nos enxerguemos de maneira correta, assim como Ele nos vê. Na verdade, essa perspectiva apropriada envolve dois conceitos bíblicos básicos, porém, muito importantes: arrependimento e fé. Com o arrependimento, eu renuncio o meu orgulho e incredulidade. Com a fé, eu aceito a oferta completa da redenção através de Cristo.

Cristo em Você

Esta é a mensagem do evangelho: Deus "mata" o seu velho homem, e depois recomeça dando-lhe um novo nascimento com uma semente incorruptível (1Pedro 1.23), Então, você tem uma base completamente nova para olhar para si mesmo. Agora você é um filho de Deus!

Uma autoimagem divina saudável é baseada em Colossenses 1.27, "... aos quais, Deus, quis fazer conhecer quais são as riquezas da glória deste mistério entre os gentios, que é Cristo em vós, esperança da glória". Tudo que sabemos sobre nós mesmos é baseado agora nesta verdade mais gloriosa: de que Cristo vive em nós.

Outro texto importante da Bíblia para alcançar uma autoimagem divina é 2Coríntios 4.7, "Temos, porém, este tesouro em vasos de barro, para que a excelência do poder seja de Deus, e não de nós". Vá em frente e diga bem alto: "Eu sou um vaso, mas eu tenho um tesouro!". Sou apenas o recipiente. Se eu olhar dentro, vou ficar muito impressionado. Mas veja o que este vaso contém: Cristo! Entenda isso e a "baixa autoestima" se vai para sempre. O cristão vê a si mesmo como alguém que personifica a pessoa de Jesus Cristo onde quer que ele vá. Cai fora, depressão!

Humilhando as Humilhações

Agora que eu carrego Cristo em mim, tenho que ter muito cuidado para não menosprezar o que Deus fez em mim. Paulo escreveu, "Porque sei que em mim, isto é, na minha carne, não habita bem algum" (Romanos 7.18). Ele reconheceu que o jarro, em si, não era nada, mas precisava esclarecer isso para si mesmo nesta afirmação por que, de fato, algo bom habitava nele – Cristo!

O Senhor me alertou sobre esta tendência que temos de menosprezar e diminuir quem somos. Eu estava lendo o livro de Atos sobre a visão que Pedro teve no telhado, ao meio dia. Deus revelou a Pedro um grupo de animais que eram impuros de acordo com a Lei judaica, e disse a ele: "Pedro, levanta, mata e come".

Pedro respondeu: "De modo nenhum, Senhor, porque nunca comi coisa alguma comum nem imunda".

E esta foi a resposta de Deus a ele: "Não consideres comum o que Deus purificou" (Atos 10.15).

Você precisa ouvir isto, caro cristão: nunca rebaixe ou chame de impuro a pessoa que foi purificada por Deus. Incluindo você mesmo. "Oh, eu não sou nada". Isso pode já ter sido verdade. Contudo, agora você é um filho de Deus, com o próprio Jesus Cristo habitando em você. Você não é nada? Impossível!

"Sou apenas um pobre pecador". Não. Você não é apenas um pecador. Você é um pecador que foi transformado pelo grande poder da cruz de Cristo em um glorioso santo de Deus!

"Mas tive um pai abusivo e alcoólatra. Eu nunca vou mudar". Você está me dizendo que Deus é alcoólatra? Você tem um novo Pai agora, uma nova chance! Quando o acusador sussurrar no seu ouvido, "Eu não posso fazer nada por Deus", declare então a verdade da palavra de Deus sobre você: "Posso todas as coisas naquele que me fortalece". Cada aspecto da sua vida foi revolucionado pela presença de Cristo em você. Você nunca verá a si mesmo da mesma maneira novamente.

Apoiem nossos Filhos

Conselheiros familiares cristãos estão nos dizendo que precisamos incutir amor próprio em nossas crianças para que elas cresçam seguras e bem ajustadas. Então mentimos para nossos filhos e dizemos: "Você pode fazer tudo o que quiser. O céu é o limite, filho! Corra para vencer!" Frequentemente nossas tentativas de encorajar nossas crianças estão, na verdade, fazendo com que elas coloquem sua confiança na carne.

Pais cristãos têm a responsabilidade de direcionar a confiança de suas crianças na direção do Senhor. Temos que dizer a elas, "Filho, você pode fazer todas as coisas que Cristo chamou você para fazer, por que em Filipenses 4.13 diz que quando estamos servindo a Deus em sua vontade e em seu caminho, Ele nos dá força para cumprirmos Sua vontade".

Diga para sua filha, "Minha querida, você precisa entender que não há nada de bom na sua carne. Se tentar servir a Deus pela sua própria força você será um triste fracasso. Se Jesus não podia fazer nada separado de Seu Pai, compreenda, então, que você precisa desesperadamente de Deus em cada momento de cada dia. Se permitir que Sua graça e Sua força fluam através da sua vida, você realizará grandes proezas para o Reino de Deus".

É importante encorajar nossas crianças, mas temos que encorajá-las naquilo que Deus quer fazer em suas vidas. Ao invés de apenas elogiarmos sua inteligência ou boa aparência, mostre as coisas que Deus está fazendo através delas. "Estou percebendo como o Senhor está realmente ajudando a se tornar mais atenciosa com seu irmão". "Sou muito grato a Deus por ajudar você a conseguir boas notas neste semestre". Desta maneira, encorajamos nossos filhos e rendemos louvores a Deus.

Rejeitando a Rejeição

Muitas crianças sofrem rejeição, ou recebem pouca afeição em sua infância. Mas Deus se propôs a usar essas tragédias para promover o Seu Reino entre nós. Permita-me ilustrar isso com uma simples alegoria.

O peixinho foi jogado de volta na água pelo pescador por que era muito pequeno. Mas ele foi tomado por sentimentos de rejeição – especialmente desde que seu irmão mais velho foi aceito pelo pescador. O que o peixinho não percebeu é que para ele foi melhor a rejeição do que a aceitação.

De maneira semelhante, Deus faz da rejeição uma coisa positiva em nossas vidas. Ele usa isso para atravessar o nosso falso senso de segurança e nos mostrar a nossa verdadeira necessidade. Muitas pessoas bem ajustadas, bem aceitas e bem resolvidas estão a caminho do inferno. Por outro lado, muitas pessoas que foram profundamente feridas pela rejeição têm se voltado para o poder curador de Jesus Cristo, e desfrutam da eterna aceitação do Pai.

Agora, por causa da rejeição que você sofreu, o Senhor vai usar você de uma forma única para alcançar certas pessoas que outros não são capazes de alcançar. "Os sacrifícios para Deus são o espírito quebrantado" (Salmos 57.1). Se você oferecer um coração quebrantado a Deus, Ele aceitará o incenso da sua adoração, e por sua vez usará seu quebrantamento para ministrar plenitude a outros.

Comparações

Os cristãos são facilmente tentados a se compararem se compararem uns com os outros. Usando a terminologia da parábola dos talentos em Mateus 25.14-30, o homem que tinha dois talentos olha para o que tem um talento e se sente um pouco superior. Mas, ele olha para o homem que tinha cinco talentos e, subitamente se sente muito inferior. Enquanto permitirmos a nós mesmos nos compararmos com as outras pessoas, teremos batalhas constantes com nossa autoimagem. Ficaremos divididos entre os extremos de orgulho e da insegurança. A Bíblia constantemente nos exorta a manter o nosso foco em Jesus.

Olhe para si mesmo e verá um vaso de barro e ficará deprimido. Olhe para as outras pessoas e ficará tanto arrogante quanto desencorajado. Olhe para Jesus e você florescerá no esplendor de Sua face.

Reflita a Glória de Cristo

Eu gostaria de encerrar este capítulo com um trecho da Bíblia que descreve o que Deus está fazendo naqueles que contemplam Sua face.

"E todos nós, que com a face descoberta contemplamos a glória do Senhor, segundo a sua imagem estamos sendo transformados com glória cada vez maior, a qual vem do Senhor, que é o Espírito" (2Coríntios 3.18).

Uma vez que estamos em Sua presença, contemplando a Sua face e refletindo a Sua glória, este texto nos garante que estamos sendo mais e mais transformados à semelhança de Cristo.

13. Adote uma Autoimagem Divina

Certa vez, o espelho do banheiro foi ao psiquiatra. "Venha, relaxe nesta poltrona", o psiquiatra disse ao espelho. "Agora, o que lhe parece ser o problema?"

"Eu me sinto sujo", o espelho do banheiro lamentou-se.

"Oh, verdade? E por que você se sente desta maneira?".

"Bem, ninguém me aprecia pelo que eu sou", o espelho começou. "Todo mundo apenas me usa. Quando as pessoas entram no banheiro, elas nem mesmo prestam atenção em mim. Tudo o que fazem é ficarem embasbacadas consigo mesmas. Quando elas correm para o chuveiro, eu fico todo embaçado. E então, o cabelo delas gruda em mim. Elas deixam as marcas de seus dedos sujos em mim. E quando escovam os dentes, espira tudo em cima de mim".

"Acho que sei qual é o seu problema", o psiquiatra interrompeu. "Seu problema é que você tem uma autoimagem ruim".

E com este diagnóstico o psiquiatra prosseguiu para melhorar a autoimagem do espelho. "Você sabe, você realmente é um espelho maravilhoso. Seu vidro límpido e magnífico. E a sua moldura... Ah, meu Deus! Nunca vi uma moldura mais elegante em um espelho. E com os seus cantos bisotados e tudo, você sabe que é um dos espelhos de banheiro mais chiques que já foram feitos".

Pare. Estou interrompendo esta ilustração. Você concordaria que esta é uma ilustração ridícula? E a razão é óbvia. É por que um espelho não foi feito para ter uma autoimagem. Um espelho foi feito para refletir a imagem de outra pessoa.

Os cristãos estão tentando estabelecer uma autoimagem saudável e estão perdendo o foco completamente. Eles estão focados em quem eles são em Cristo, em lugar de se focarem em quem Cristo é neles. Ao invés disso, ocupe-se em refletir a glória do Senhor. Contemple a beleza de Sua majestade e de Sua glória. E a medida que você se permite contemplar a face de Cristo, você não terá mais qualquer problema com a sua autoimagem. Você esquecerá de si mesmo, e será totalmente consumido pela beleza de Sua face.

"Quanto a mim, contemplarei a tua face na justiça; eu me satisfarei com a tua semelhança quando acordar" (Salmo 17.15).

Capítulo 14

Paternidade Espiritual

Neste capítulo final, eu gostaria de discutir sobre onde creio que a Igreja está nos dias de hoje, na caminhada com Deus. Há uma geração de jovens líderes que Deus está preparando para a paternidade espiritual.

Os Três Estágios da Maturidade

"Filhinhos, eu vos escrevo porque pelo seu nome vos são perdoados os pecados. Pais, eu vos escrevo porque conhecestes aquele que é desde o princípio. Jovens, eu vos escrevo porque vencestes o maligno. Filhos, eu vos escrevi porque conhecestes o Pai. Pais, eu vos escrevi porque já conhecestes aquele que é desde o princípio. Jovens, eu vos escrevi porque sois fortes, e a palavra de Deus está em vós, e já vencestes o maligno" (2João 2.12-14).

O apóstolo João nos descreve o que pode ser apresentado como os três estágios da maturidade espiritual.

Infância Espiritual

O nível inicial de maturidade espiritual é a "infância espiritual". João se dirige aos "filhinhos" e os descreve da seguinte maneira:

- Eles sabem que seus pecados estão perdoados (v.12). Estes jovens crentes sabem o que o sangue de Jesus fez por eles. Sabem o que é viver livres da culpa e da condenação, regozijam-se na aceitação de Deus. É lamentável que tantos crentes lutem durante anos para encontrar este lugar de segurança, enquanto o consideremos somente uma realização da "infância" em Cristo.
- As crianças espirituais têm que reconhecer a Deus como um Pai (v.13). Os Pais providenciam três coisas básicas para seus filhos: proteção, provisão e identidade.
    1. Proteção: Crianças espirituais confiam no cuidado protetor de seu amado Pai. Elas aprenderam a descansar seguramente em Seu abraço amoroso.
    2. Provisão: Crianças espirituais podem crer em Deus para garantir o seu pão diário. Elas aprenderam os princípios espirituais da mordomia, e sabem que isso significa observar Deus suprir suas necessidades.
    3. Identidade: Nos países que seguem nossa herança judaico-cristã, os filhos levam o sobrenome de seu pai. E é a afeição do pai dele ou dela que melhor possibilita a criança a ter uma identidade sexual saudável e uma autoimagem apropriada. Da mesma forma, crianças espirituais aprendem que a plenitude de suas novas identidades espirituais está em Cristo em não nelas mesmas. Elas sabem quem são em Cristo, e quem Cristo é nelas.

Juventude Espiritual

João passa para a próxima fase da maturidade espiritual, que pode ser chamada de "adolescência espiritual" ou "juventude

14. Paternidade Espiritual

espiritual". Vamos ver como o apóstolo descreve estes jovens em Cristo:

- Estes "jovens" já venceram o maligno (v.13). Eles obtiveram a vitória sobre a tentação. Entenderam o que é a armadura de Deus, e se equipam diariamente com suas armaduras. Eles sabem sobre a guerra espiritual; eles combateram o inimigo – são matadores de gigantes.
- Estes jovens são "fortes" (v.14). Eles são cheios de fé e do Espírito Santo. São corajosos na sua fé, e conseguem crer em Deus para fazer grandes façanhas. Eles são líderes visionários, e suas vidas são estáveis e exemplares.
- A palavra de Deus habita neles (v.14). Estes jovens estudaram a Palavra e conhecem a Bíblia. Estão aptos a ensinar, e são pregadores do evangelho. Eles têm um sólido entendimento de grandes temas: a redenção, a graça, a cruz, o sangue, o nome de Jesus, santidade, santificação, cura, libertação, arrependimento, dons espirituais, imposição de mãos, etc. Por causa desse conhecimento eles estão aptos a refutar erros e desmascarar falsos ensinamentos.

Na medida em que pensava em como o apóstolo descreve estes "jovens homens" espirituais, percebi que em minha mente eu tinha concebido o nível de realização deles como o máximo do crescimento espiritual. Ser forte na guerra espiritual e ser um estudante da palavra têm sido considerado por muitos de nós como a realização final. É triste admitir que muitos crentes nunca chegam a este nível espiritual, e este nem ao menos é o plano mais alto de maturidade.

Paternidade Espiritual

O último estágio do crescimento espiritual poderia ser chamado de "paternidade espiritual". João escreve aos "pais" na igreja, e diz uma única coisa para descrever esses pais espirituais: "Pais, eu vos escrevo porque conhecestes aquele que é desde o princípio" (v.13-14).

Sua primeira reação ao ler isto é: "Grande coisa". Era mais interessante no estágio da infância, ou da juventude. Lutar contra o maligno, aplicar o sangue de Jesus, ensinar e pregar a palavra, esse sim é o reino da ação! Em comparação, tem algo quase brando em "conhecestes aquele que é desde o princípio".

Contudo, os pais espirituais chegaram a um nível de conhecimento de Deus e Seus atributos eternos – Sua imensidão, Sua soberania, Sua onisciência, Sua onipotência, Sua grandeza além de tudo que compreendemos. Eles chegaram a um ponto onde verdadeiramente conhecem a Deus.

O Trauma do Amadurecimento

Todo nível de maturidade é alcançado através da dor. Em primeiro lugar, você é salvo por causa da dor. Deus, em Sua graça, mostra a você sua grande necessidade, e em desespero você se volta para Ele. Da mesma forma, nos movemos em cada fase do crescimento espiritual através da dor.

Quantos se lembram de que às vezes era difícil ser criança? Mas era ainda mais difícil ser um adolescente. E ainda assim, todos os pais sabem que nada se compara ao desafio de criar os filhos. A maturidade é ótima, porém é obtida com grande dificuldade, sofrimento, crise e dor.

Escuridão Espiritual

Uma das ferramentas mais dolorosas que Deus usa trazer os "jovens" para a "paternidade espiritual" é a "escuridão espiritual". O escritor cristão Winkie Pratney identificou este processo observando os quatro tipos de escuridão encontrados na Bíblia: 1) A Escuridão do Pecado (João 3.19). 2) A Escuridão da Ignorância (1João 1.5). 3) Forças Demoníacas as quais a Bíblia se refere como "os poderes da escuridão". 4) Finalmente, uma escuridão que vem de Deus (Isaías 50.10-11).

Não deve surpreender você o fato de que Deus envia a escuridão aos Seus filhos. Na montanha, Moisés se aproximou, "ouvindo a voz do meio das trevas e vendo o monte ardendo em fogo, vos achegastes a mim" (Deuteronômio 5.23). Pratney definiu esta escuridão como, acima de tudo, "uma sensação do afastamento da presença de Deus". Não é que Deus se afaste de nós, e sim é nossa a percepção de que Ele está se afastando.

Na realidade, quando os problemas nos confrontam, Ele está conosco de uma maneira muito real. "DEUS é nosso refúgio e fortaleza, socorro bem presente na angústia" (Salmo 46.1). Jesus prometeu se mostrar presente em certas circunstâncias específicas: Ele se faz presente quando dois ou três se reúnem em Seu nome (Mateus 18.20); Ele se faz presente no meio dos louvores (Salmo 22.3); mas o Salmo 46.1 também promete que Ele estará presente junto àqueles que estão com problemas.

Se você está em dificuldades, esteja certo disso: *Jesus está com você!* A escuridão pode parecer cercar você e Deus pode parecer ter lhe abandonado, mas você não pode acreditar no que está vendo neste momento; você precisa caminhar por aquilo que não pode ver. Ouça a força da promessa de Jesus, "Porque tão encarecidamente me amou ... estarei com ele na angústia" (Salmo 91.14-15). Embora você sinta como se Deus o tivesse esquecido, Ele está com você – se isso for possível – agora mais do que nunca.

"*Quem há entre vós que tema ao Senhor e que ouça a voz do seu Servo? Quando andar em trevas e não tiver luz nenhuma, confie no nome do Senhor e firme-se sobre seu Deus. Eia! Todos vós, que acendeis fogo e vos cingis com faíscas, andai entre as labaredas do vosso fogo e entre as faíscas que acendestes; isto vos vem da minha mão, e em tormentos jazereis*" (Isaías 50.10-11).

Esta passagem descreve um homem que teme ao Senhor, que obedece a voz de Jesus, que é um servo de Deus, e que ainda assim está caminhando na escuridão. Alguns de vocês, que estão lendo este livro estão agora neste lugar. Outros, porém, estão lutando para entender o que estou dizendo pois ainda não tiveram uma estação[14] de escuridão como essa atingindo sua vida. Tudo bem, aproveite sua estação de luz. Mas anote estas palavras e sublinhe estas afirmações que estão à sua frente, por que a estação de escuridão vai surgir em algum momento para todo homem e toda mulher de Deus que leva a sério o crescimento na graça de Deus. É nas estações de escuridão que aprendemos uma dimensão maior da confiança e da dependência em relação a Deus.

David Wilkerson[15] fez essa grande afirmação em um de seus informativos: "Uma das razões para que alguns de vocês não estejam ouvindo a voz de Deus é por que talvez Ele não esteja falando com vocês agora". Às vezes, não ouvimos Deus

---

14 N.T.: No capítulo 1, o autor explica que usa, propositadamente, a palavra "season" (estação do ano). Ele compara os períodos da vida com as diferentes estações do ano. Que não é a vontade de Deus nos deixar presos em determinadas situações ruins (escuridão). Assim como as estações do ano, elas vão passar.

15 N.T.: Pastor norte-americano que no final dos anos 50 e início dos anos 60 saiu do interior para pregar aos jovens das gangues de Nova York. Autor do Best-seller internacional "A Cruz e o Punhal" e criador dos centros de recuperação "Desafio Jovem". Falecido em 2011.

14. Paternidade Espiritual

por que alguma coisa está errada (pecado, concessão de valores, etc.); outras por que alguma coisa certa não está sendo feita (autodisciplina, renúncia, etc.), e algumas outras vezes não escutamos por que Ele, propositadamente, se oculta por uma estação. Deus usa o silêncio como uma de suas ferramentas especiais para cultivar a santidade em nós.

Outra razão para não ouvirmos a Deus é por que não Ele não está dizendo aquilo que queremos ouvir. Queremos que Ele fale sobre a nossa escuridão, que a explique e nos diga quando ela vai acabar. Todavia, Ele quer falar sobre algo mais. O melhor a fazer é inclinar nossos ouvidos e simplesmente ouvir o que Ele tem a dizer. Ainda que seja a sua estação de escuridão, você deveria escrever um diário; e na retrospectiva você ficará maravilhado com o quanto Deus estava falando com você.

Faça Sua Própria Luz

A tentação, quando você não consegue ver nada, é tentar resolver sozinho e fazer a sua própria luz. Se Deus não está mostrando o próximo passo, você inventa, sozinho, um caminho ou uma solução. Mas, Isaías nos adverte: "Se Deus não trouxer luz a você, você não pode criar a sua própria luz". Ele o trouxe para esta escuridão, e você precisa confiar que Ele também vai lhe tirar. Uma palavra criadora trouxe existência a todo o universo, e tudo o que você precisa é uma palavra que proceda da boca de Deus. Não arranje uma palavra por sua conta; espere que Ele a traga até você.

Você vai aprender algumas coisas sobre a escuridão. Você descobrirá que certas pedras fundamentais as quais pensou serem inabaláveis, estão agora profundamente abaladas. Por exemplo, foi durante a minha escuridão que eu percebi que estava questionando a minha confiança fundamental em Deus. Antes dessa estação de escuridão, se havia uma coisa que eu tinha certeza que estava intocada em minha vida, era a confiança em Deus. "Sei que isso é demais, mas eu confio em Deus". Então, a escuridão me atingiu. Foi como se eu tivesse que aprender outra vez o que eu entendia por confiança.

Na estação da escuridão, tudo o que puder ser abalado será abalado. Mas se você conseguir sair desta fase com alguma coisa intacta, então isso é para se guardar! Você terá aprendido o que significa confiar no Senhor quando tudo insistir em dizer que Deus não foi fiel a você.

Você será esvaziado de toda noção de sua própria força, e desenvolverá uma profunda e intensa dependência de Deus para cada respirar. Eu já passei por épocas de fraqueza emocional, quando sentia que não podia controlar as minhas emoções ou que não "iria sair dessa". Então, clamei ao Senhor, e embora as circunstâncias não tivessem mudado, a minha alma se aquietou. Eu experimentei "a graça sustentadora de Deus", e me senti verdadeiramente descansando sob Seus eternos braços.

É nos tempos de escuridão que você aprende algo sobre "Aquele que é desde o princípio".

Exemplos Bíblicos

Muitas pessoas da Bíblia experimentaram estações de escuridão em Deus. Estas são algumas delas:
- Jó – Todos os seus bens e todo o seu sustento foram tirados dele em um único dia, entre essas coisas estavam todos os seus filhos. Então, uma doença horrível atacou todo o seu corpo. O livro de Jó relata sua depressão e a amargura da sua alma.
- Abraão – Deus prometeu um filho a Abraão, mas sua esposa Sara, não era apenas estéril, mas sua idade reprodutiva estava acabada. Durante vinte e cinco anos

14. Paternidade Espiritual

Abraão e Sara viveram na escuridão das promessas não cumpridas.

- Jacó – Ele tinha o direito da primogenitura e a benção, mas lhe foram atribuídos quatorze anos de servidão por suas esposas. Depois de ser enganado repetidamente, e ser forçado a fugir às escondidas de seu sogro; sua escuridão culminou em uma noite inteira de luta com um anjo.

- José – Destinado a grandes feitos, agarrou-se a um sonho dado por Deus. Porém, foi vendido injustamente como escravo, isolado de sua família em uma terra estranha, e após servir fielmente foi preso injustamente na escura e mórbida masmorra egípcia. O Salmo 105.19, que fala deste período da vida de José diz: "a palavra do Senhor o provou"

- Moisés – Ele tinha a vocação, o dom, a educação e a disposição para ser um homem de Deus. Mas, ao invés disso ele terminou passando quarenta anos no escuro – pense nisso, quarenta anos – em um deserto ermo e distante.

- Noemi – Seu marido fez com que se mudasse para Moabe durante um período de fome, e enquanto estava lá, ela enterrou seu marido e seus dois filhos. Noemi retornou para Belém com a alma amargurada, miserável e fracassada.

- Davi – Através do Espírito de Deus matou um leão e um urso, e matou o gigante. Ele serviu a Saul fielmente, e foi até ungido por Samuel para ser o próximo rei de Israel. Mas ao invés de receber o reino, ele terminou correndo do Rei Saul como um fugitivo corre por sua vida, vivendo em cavernas e áreas desertas. Muitos dos salmos de Davi expressam a intensidade de sua alma durante este período de escuridão.

- Jesus – Durante trinta dolorosos anos, sendo cheio da visão divina e sabedoria e revelação, Ele e se manteve amavelmente em silêncio. Então, quando chegou a hora, Ele foi levado pelo Espírito para o deserto onde foi tentado por quarenta dias e noites escuras.

Todos esses personagens bíblicos eram pessoas consagradas, santas e ungidas que eram firmes na fé, fortes na palavra e cheios do Espírito Santo. Mas todos eles passaram pelo vale da sombra da morte, vivenciando estações de escuridão que quebrantaram, esmagaram e espremeram suas almas.

O Denominador Comum

E existem mais um denominador que todos eles compartilharam. Há um denominador comum no desfecho de suas estações de escuridão: em cada caso, eles entraram em uma nova dimensão de "paternidade espiritual". Vamos relembrar cada uma destas circunstâncias:

- Jó – Depois de sua provação, ele se tornou novamente *pai* de sete filhos e três filhas, ele viu seus filhos e netos durante quatro gerações, e sua influência em sua geração foi grandemente multiplicada.
- Abraão – Após vinte e cinco anos de espera na promessa de Deus, ele finalmente se tornou *pai* de Isaac.
- Jacó – Ele lutou com Deus e venceu – e foi quando foi rebatizado de "Israel", o *pai* das doze tribos.
- José – Depois de sua escravidão e aprisionamento, ele foi promovido por Deus ao lugar de *paternidade* sobre toda a nação do Egito, bem como da família de seu pai.
- Moisés – Depois de quarenta anos no deserto, ele foi chamado por Deus para ser o *pai* espiritual de toda a nação de Israel.

14. Paternidade Espiritual

- Noemi – Depois de perder tudo, ela se tornou (através de sua nora, Ruth), a *mãe* de um dos ancestrais de Jesus Cristo – Obede, avô de Davi.
- Davi – Embora provavelmente sentiu-se pronto anos antes, foi apenas sete anos depois de viver como fugitivo de Saul que Davi elevado a posição de ser o *pai* (rei) da nação.
- Jesus – Somente depois de Sua tentação Ele recebeu permissão para ministrar para este mundo o coração *Paternal* de Deus.

Você compreende? Talvez agora, possa entender melhor por que muitos pastores, líderes e igrejas em nossa nação têm passado por estações de crise e dificuldade inexplicáveis. Deus está preparando Sua Igreja para uma nova dimensão de paternidade espiritual.

E agora?

Bem, e o que devemos fazer neste período intermediário? Como devemos determinar nosso foco enquanto estamos esperando uma nova dinâmica de paternidade ser manifesta? A resposta está no título deste livro: devemos habitar na presença de Jesus, nos entregar à oração, à adoração, ao louvor e intercessão; colocar nossos rostos firmemente fixados em olhar Seu semblante até que Ele venha a nós. Para resumir, permaneça frente a frente com Ele.

São João da Cruz escreveu sobre essa escuridão, descrevendo-a como "a noite escura da alma". Ele ofereceu seu conselho para aqueles que se encontrassem na mesma situação: "A forma pela qual eles devem se conduzir nesta noite não é se dedicarem a racionalização e meditação, visto que não é hora para isso; mas de deixar que alma permaneça em paz e quietude, ainda que para eles, pareça claro que não estão fazendo nada, e estão desperdiçando tempo; embora isso possa parecer assim para eles, pois, em razão de suas fraquezas eles têm o desejo de fazer em alguma coisa. A verdade é que já estarão fazendo o suficiente se tiverem paciência e perseverarem em oração sem fazer qualquer esforço".

O Resultado: Infância Espiritual

Finalmente, deixe-me lembrar-lhe do resulto da paternidade espiritual – filhos espirituais. Deus está nos preparando para a paternidade simplesmente por que Ele está preparando uma colheita sem paralelo.

Reinhardt Bonnke[16] disse que o evangelho é como um explosivo, e a intercessão é o detonador. A pregação sem intercessão é como um explosivo sem detonador, e a intercessão sem o impulso evangelístico é como uma faísca sem dinamite. Deus está preparando um povo que permaneça em Sua presença e que estará pronto a aceitar a responsabilidade da paternidade quando o Espírito de Deus iniciar a colheita.

Talvez você, assim como eu, sinta-se agora um pouco como Jacó. Estou lutando com Deus, e a escuridão está por toda parte. Não compreendo os propósitos de Deus, ou para onde as coisas vão se encaminhar. Mas eu decidi que vou lutar com Deus até o amanhecer. "Eu não vou lhe deixar ir, Deus, até que o Senhor me abençoe".

---

16 N.T.: Evangelista pentecostal alemão, conhecido principalmente por suas missões evangélicas em toda a África e por ter sido o fundador e líder da igreja Cristo para Todas as Nações.

Gostou?

Você foi abençoado por este livro? A leitura desta profunda obra foi uma experiência rica e impactante em sua vida espiritual?

O fundador da Editora Atos, que publicou este exemplar que você tem nas mãos, o Pastor Gary Haynes, também fundou um ministério chamado *Movimento dos Discípulos*. Esse ministério existe com a visão de chamar a igreja de volta aos princípios do Novo Testamento. Cremos que podemos viver em nossos dias o mesmo mover do Espírito Santo que está mencioado no livro de Atos.

Para isso acontecer, precisamos de um retorno à autoridade da Palavra como única autoridade espiritual em nossas vidas. Temos que abraçar de novo o mantra *Sola Escriptura*, onde tradições eclesiásticas e doutrinas dos homens não têm lugar em nosso meio.

Há pessoas em todo lugar com fome de voltarmos a conhecer a autenticidade da Palavra, sermos verdadeiros discípulos de Jesus, legítimos templos do Espírito Santo, e a vermos o amor ágape, como uma família genuína. E essas pessoas estão sendo impactadas pelo *Movimento dos Discípulos*.

Se esses assuntos tocam seu coração, convidamos você a conhecer o portal que fizemos com um tesouro de recursos espirituais marcantes.

Nesse portal há muitos recursos para ajudá-lo a crescer como um discípulo de Jesus, como a TV Discípulo, com muitos vídeos sobre tópicos importantes para a sua vida.

Além disso, há artigos, blogs, área de notícias, uma central de cursos e de ensino, e a Loja dos Discípulos, onde você poderá adquirir outros livros de grandes autores. Além do mais, você poderá engajar com muitas outras pessoas, que têm fome e sede de verem um grande mover de Deus em nossos dias.

Conheça já o portal do Movimento dos Discípulos!

www.osdiscipulos.org.br